AF617736

POLÍTICAS DE DIGITALIZACIÓN Y RIESGOS DE VICTIMIZACIÓN DE PERSONAS MAYORES EN EL CIBERESPACIO

PUBLICATION GUIDELINES:
Social Work Series is an independent, bilingual collection published by Aranzadi LA LEY, that publishes books in both Spanish and English. Adhering to the standards of excellence established by the scientific conuntmi ty, all books submitted to our Social Work Series will be peer reviewed. All original manuscripts will be reviewed by at least two external referees, whose suggestions and recommendations will be sent to the author(s) to make the pertinent modificaticms when needed. Aranzadi LA LEY ensures the anonymity of both author(s) and referees. The Social Work Series Board of Editors will examine all the manuscripts submitted and, based on the external evaluations, decide to accept or reject the submission. Authors will be notified if their manuscript has been accepted or rejected within a maximum period of six months.

NORMAS DE PUBLICACIÓN:
La colección de Trabajo Social es una colección independiente, bilingüe, que publica libros tanto en inglés como en español. Siguiendo las normas de excelencia aceptadas por la comunidad científica, la aceptación de libros se rige por el sistema de evaluaciones externas por pares. Todos las originales serán revisados por al menos dos evaluadores externos a la entidad editora, cuyas sugerencias serán enviadas a los autores, para que realicen, en caso de ser necesario, las modificaciones pertinentes. Se mantendrá el anonimato tanto de autor como de los evaluadores. El consejo editorial internacional de la colección de Trabajo Social analizará los originales, y, en función de las evaluaciones externas, decidirá sobre su publicación. En un plazo máximo de seis meses, se informará al autor sobre la aceptación o rechazo de su contribución.

POLÍTICAS DE DIGITALIZACIÓN Y RIESGOS DE VICTIMIZACIÓN DE PERSONAS MAYORES EN EL CIBERESPACIO

JESÚS C. AGUERRI
ESTHER SITGES
(eds.)

El presente libro es una obra de difusión de los resultados del Proyecto DIGIPAM (Políticas de digitalización y riesgos de la victimización de personas adultas mayores en el ciberespacio: evaluación e impacto), concedido por la convocatoria del programa de ayudas para la investigación del envejecimiento ICAR 2023.

Editorial Aranzadi, S.A.U.
C/ Collado Mediano, 9
28231 Las Rozas (Madrid)
Tel: 91 602 01 82
e-mail: clienteslaley@aranzadilaley.es
https://www.aranzadilaley.es

Primera edición: 2024

Depósito Legal: M-16194-2024
ISBN versión impresa: 978-84-1162-894-5
ISBN versión electrónica: 978-84-1162-895-2
Incluye soporte electrónico

Diseño, Preimpresión e Impresión: Editorial Aranzadi, S.A.U.
Printed in Spain

Índice General

Capítulo 1

Inclusión digital y cibervictimización

JESÚS C. AGUERRI Y ESTHER SITGES

Hoy en día vivimos inmersos en una constante evolución digital que afecta a todos los grupos poblacionales y prácticamente se da en todas las esferas de nuestra vida. La adaptación a esta nueva realidad ha requerido ajustes que han supuesto un gran esfuerzo por parte de las administraciones públicas, acelerados, sin lugar a dudas, por la situación sanitaria que vivimos tras la pandemia provocada por el COVID-19 (Amankwah-Amoah, 2021).

En la mayoría de las ocasiones, estos cambios han tenido repercusiones positivas para la sociedad en general, sin embargo, no todos los colectivos han podido asumir la inmediatez de los mismos provocando que, una parte importante de la población, como es el caso de muchas Personas Adultas Mayores (PAM), se haya quedado más rezagada especialmente tras la reciente aceleración del proceso de digitalización (Adnan & Özbek, 2023). Así, se ha hecho todavía más profunda la brecha digital que afecta a los PAM. El término brecha digital nos permite hacer referencia a las dificultades que tienen ciertos colectivos e individuos para acceder y aprovechar la tecnología (Campaine, 2001). La brecha digital va más allá del simple acceso a la tecnología, implica también la adquisición de habilidades y comprensión necesarias para maniobrar en un entorno cada vez más interconectado. Las Personas Adultas Mayores se enfrentan a desafíos particulares en este escenario, que van desde la falta de familiaridad con las tecnologías emergentes hasta posibles limitaciones físicas o cognitivas que pueden complicar el aprendizaje y el uso efectivo de estas herramientas (Friemel, 2016).

Sin embargo, la inclusión digital de las Personas Adultas Mayores es una cuestión de justicia social y, en consecuencia, un mandato para nuestras administraciones públicas. La alfabetización digital se ha convertido en una competencia básica para la ciudadanía contemporánea (Holford y Spolar, 2012; Reder, 2015; Adnan & Özbek, 2023), y poder desenvolverse en entornos digitales y hacer uso de las oportunidades ofrecidas por las Tecnologías de la Información y la Comunicación (TIC) son hoy requisitos para evitar sufrir ciertas dinámicas de exclusión social (Campaine, 2001; Hill et al., 2015; Íñiguez-Berrozpe et al., 2018). Asimismo, las instituciones del estado están sumergidas en un profundo proceso de desplazamiento de sus procesos y servicios al ciberespacio (Hammerschmid, 2023), el cual a menudo fuerza a los ciudadanos a acudir a internet para poder realizar ciertos trámites, relacionarse con la administración y, en consecuencia, ejercer, reclamar o materializar sus derechos. No se puede por tanto dejar a las Personas Adultas Mayores al margen de este proceso de digitalización, ya que hacerlo aumentaría todavía más la vulnerabilidad de este colectivo. Pero la inclusión digital de las Personas Adultas Mayores no debe entenderse solo como una forma de evitar que la tecnología les excluya, sino que el mundo digital puede ofrecerles maneras significativas de mejorar su calidad de vida, facilitando la comunicación con seres queridos, el acceso a servicios de salud en línea, y oportunidades para el aprendizaje continuo y la participación activa en la sociedad (Gozálvez-Pérez y Contreras-Pulido, 2014; González et al, 2015).

Siendo conscientes de estas cuestiones, desde entidades públicas y privadas se han diseñado políticas para minimizar esta desventaja del colectivo de PAM y acompañarlos en su proceso de digitalización (Reuter, 2020). Las dos estrategias principales han sido, por un lado, las dirigidas a mantener la presencialidad y la atención personal (y no solo la digital) y, por otro, la promoción de cursos dirigidos a la formación en digitalización. Y es en esta segunda acción en la que se enmarca este libro, que parte del reconocimiento de la importancia de evaluar las acciones de las administraciones públicas destinadas a proporcionar formación a las personas adultas mayores en materia de Digitalización y tecnología. Pero este libro tiene un enfoque concreto, ya que se centra particularmente en una dimensión de la inclusión digital que, muy a menudo es olvidada. Está dimensión es la de la ciberseguridad.

Participar de un contexto como el digital y hacerlo en plenitud, de tal modo que sea posible desenvolverse en él y aprovechar su potencial, implica poder participar en él con seguridad y sin riesgo de ser victimizado (Adnan & Özbek, 2023). En consecuencia, es necesario tener en cuenta en la formación en TIC la formación en el uso seguro de estas herramientas.

Desde la pandemia, se ha detectado un aumento significativo en las pérdidas económicas atribuibles a fraudes cibernéticos, particularmente entre personas de 60 años o más. Según datos del FBI, entre 2019 y 2022, las pérdidas monetarias en este grupo etario casi se triplicaron, y su participación en las pérdidas totales por delitos cibernéticos aumentó del 29% al 37%. En línea con esta información, la Federal Trade Commission (FTC) ha informado que en el 2022 el grupo de 30 a 39 años fue el que más denunció este tipo de delitos, mientras que las mayores pérdidas económicas se observaron en ciudadanos de 60 años o más.

En nuestro país, los datos son similares, observándose un incremento en el uso de internet después del confinamiento: un 62,8% de PAM utilizan internet entre 1 y 3 horas al día y un 21,8% más de 3 horas diarias. Este aumento sugiere que el uso de las TIC se ha integrado como una actividad cotidiana entre las PAM, sin embargo, también revela una vulnerabilidad, ya que el 77,2% confirmó no haber recibido formación sobre el uso de internet. En cuanto al tipo de uso, en su mayoría, 94,9%, hacían uso de WhatsApp y un 41.8% para hacer compras. Sabemos, además, que la mayoría de PAM que usan las NNTT de forma regular no temían al ciberdelito, lo cual podría incrementar el riesgo de victimización en línea debido a la falta de precauciones adecuadas. En el estudio realizado por *Erades, Sitges y Segura Cuenca (2022)* el 84,6% de los encuestados fueron objetivo de al menos un intento de fraude, siendo los más prevalentes los asociados con compras online y phishing. Respecto a las conductas de denuncia realizadas por parte de los participantes que han sido objetivo de algún tipo de fraude online, se observó que el 45,6% no informó a nadie de lo que le había sucedido, ni siquiera a un conocido o familiar.

Tanto los datos de uso como los datos de victimizaciones evidencian la necesidad de actuaciones públicas que doten a las Personas Adultas Mayores de las herramientas necesarias para desenvolverse de forma segura en el ciberespacio. En consecuencia, es necesario tanto diseñar políticas específicas a este respecto como evaluar las políticas presentes, y ambas actuaciones deben realizarse teniendo en cuenta los intereses y demandas de los principales interesados, las Personas Adultas Mayores. Este libro trata, con notables limitaciones, de avanzar en este sentido, apoyándose para ello en las contribuciones de diferentes disciplinas de lo social. Y es que el Trabajo Social y la Psicología Social aportan a este libro saberes y herramientas de análisis, básicos para comprender tanto las necesidades de inclusión de las Personas Adultas Mayores, como para el análisis de intervenciones sociales orientadas a proporcionar formación y competencias a esos colectivos. Pero, además, la criminología contribuirá a estos análisis llamando la atención sobre las problemáticas criminales específicas a las que se enfrentan los mayores en el ciberespacio. Y, finalmente, las Ciencias Políticas realizarán valiosas contribuciones en el análisis de políticas públicas.

Por supuesto, este libro está muy lejos de cerrar el tema, sin embargo, esperamos a través de él enriquecer, mediante una mirada multidisciplinar, el debate sobre la inclusión digital, llamando, además, la atención sobre un ámbito específico que a menudo es ignorado, pero que tiene una gran importancia, el de la ciberseguridad y el ciberdelito.

REFERENCIAS

Adnan, M & Özbek, Ç (2023) Digital competences of older women in Turkey: gender and ageing as double danger, Educational Gerontology, 49:12, 1082-1099, DOI: 10.1080/03601277.2023.2209452

Amankwah-Amoah, J; Khan, Z; Wood, G; Knight, G. (2021). COVID-19 and digitalization: The great acceleration. Journal of Business Research, 136: 602-611, https://doi.org/10.1016/j.jbusres.2021.08.011

Compaine, B. (2001). *Digital Divide*. Massachusetts: The MIT Press.

Erades, N.; Sitges, E. & Segura Cuenca, M. (2022) Uso de las TIC y cibervictimización de Personas Adultas mayores en el ciberespacio. *Revista General de Derecho Penal, 38.*

Friemel, T. N. (2016). The digital divide has grown old: Determinants of a digital divide among seniors. *New Media & Society, 18*(2), 313-331. https://doi.org/10.1177/1461444814538648

González, A.; Ramírez, M. P. & Viadel, V. (2015). ICT Learning by Older Adults and Their Attitudes toward Computer Use. Current Gerontology and Geriatrics Research, 2015, 1-7. https://doi.org/10.1155/2015/84930

Gozálvez-Pérez, V. y Contreras-Pulido, P. (2014). Empoderar a la ciudadanía mediática desde la educomunicación. Comunicar, 21(42), 129-136. https://doi.org/10.3916/C42-2014-1

Hill, R.; Betts, L. R. & Gardner, S. E. (2015). Older adults' experiences and perceptions of digital technology: (Dis)empowerment, wellbeing, and inclusion. Computers in Human Behavior, 48, 415-423. https://doi.org/10.1016/j.chb.2015.01.062

Hammerschmid, G., Palaric, E., Rackwitz, M., & Wegrich, K. (2023). A shift in paradigm? Collaborative public administration in the context of national digitalization strategies. *Governance,* 1-20. https://doi.org/10.1111/gove.12778

Holford, J. & Spolar, V. A. M. (2012). Neoliberal and inclusive themes in European lifelong learning policy. In RIDDELL, S.; MARKOWITSCH, J. & WEEDON, E. (Eds.), Lifelong learning in Europe: equity and efficiency in the balance (pp. 39-62). Bristol: Policy Press. https://doi.org/10.1332/policypress/9781447300137.003.000

Íñiguez-Berrozpe, T., Valero-Errazu, D., & Elboj-Saso, C. (2018). Hacia una Sociedad de la Información inclusiva. Competencia tecnológica y habilidades relacionadas con las Tecnologías de la Información y la Comunicación (TIC) de los adultos maduros. *Revista Mediterránea de Comunicación, 9*(2). https://doi.org/10.14198/MEDCOM2018.9.2.9

Reder, S. (2015). Digital inclusion and digital literacy in the United States: a portrait from PIAAC's Survey of Adult Skills. Washington: American Institutes for Research.

Reuter, A.; Liddle, J & Scharf, T (2020) Digitalising the Age-Friendly City: Insights from Participatory Action Research. *International Journal of Environmental Research and Public Health* 17(21) https://doi.org/10.3390/ijerph17218281

Capítulo 2

¿Inclusión digital y protección de las personas o digitalización de la administración y protección de las infraestructuras?

Jesús C. Aguerri
Universidad de Zaragoza

talización y PAM desde el Ayuntamiento de Alicante. *2.5.6. Diputación de Valencia.* a) Programas de digitalización implementados por la Diputación de Valencia. b) Programas de bienestar social y Servicios Sociales implementados por la Diputación de Valencia. c) Análisis crítico Digitalización y PAM desde la Diputación Valenciana. *2.5.7. Ayuntamiento de Valencia.* a) Programas de digitalización implementados por el Ayuntamiento de Valencia. b) Programas de bienestar social y Servicios Sociales implementados por el Ayuntamiento de Valencia. c) Análisis crítico Digitalización y PAM desde el Ayuntamiento de Valencia. 2.6. CONCLUSIONES. 2.7. REFERENCIAS.

El surgimiento y popularización de internet es una de las mayores revoluciones acontecidas en las sociedades contemporáneos. Progresiva pero rápidamente la vida de buena parte de la población mundial se ha ido trasladando al ciberespacio. Gracias a las Tecnologías de la Información y la Comunicación, nos informamos por internet, compramos online, nos comunicamos por redes sociales e incluso cada vez más gente trabaja de forma remota gracias a Internet. La lista de ámbitos sociales digitalizados es tremendamente extensa y casi inabarcable, como también lo son las facetas de nuestra vida diaria que hoy en día tiene lugar en el ciberespacio (Lupton, 2015). Además, especialmente tras la pandemia del CoVID-19, las administraciones públicas están trasladando sus servicios y vías de relación con el ciudadano a Internet (Amankwah-Amoah 2021).

La digitalización es, por tanto, un proceso imparable que recorre toda la sociedad, y del que quedarse al margen supone encontrarse con notables dificultades para ejercer y ver materializados nuestros derechos. Sin embargo, la digitalización, especialmente si tenemos en cuenta que ésta está siendo impulsada por las administraciones públicas, no es un proceso neutro (Íñiguez-Berrozpe et al. 2021) y, como tal, puede dirigirse a la reproducción —e incluso ahondamiento— de las desigualdades sociales existentes en el mundo físico en forma de brechas digitales; pero este proceso también puede orientarse hacia la democratización del acceso a servicios, conocimientos y herramientas que permitan la materialización de los derechos y la inclusión digital (Beart et al., 2018).

Uno de los colectivos más afectados por la brecha digital es el de las Personas Adultas Mayores, por lo que este colectivo está siendo objeto de diferentes esfuerzos por parte de la administración pública para apoyar su alfabetización digital y así mejorar su inclusión digital. Durante la última década han proliferado, fundamentalmente de la mano de las administraciones locales, los programas de formación destinadas a dotar de ciertas competencias en materia de Tecnologías de la Información y la Comunicación a las personas adultas mayores. Sin embargo, la «llegada» de este colectivo al ciberespacio también ha traído nuevas oportunidades para la comisión de ciberdelitos (Kemp & Nieves-Erades, 2023). Y es que la inclusión digital pasa también por poder desenvolverse de forma segura en el entorno digital, para lo cual es necesario conocer las amenazas a las que uno puede enfrentarse, y cómo prevenirlas. Esta es una de las bases de la ciberseguridad y de la prevención del cibercrimen, sin embargo, muy a menudo la prevención de la criminalidad en internet tiende a conceptualizarse únicamente desde la perspectiva de los gestores de infraestructuras digitales.

Partiendo del concepto de inclusión digital que acabamos de expresar, el presenta capítulo realizará un análisis crítico de los programas y estrategias digitalización que están siendo desarrollados por las entidades locales de la comunidad Valenciana. Los objetivos de este análisis será encontrar las líneas y conceptos que orientan estas estrategias, determinar qué planes formativos en materia de digitalización se ofrecen a los adultos mayores de la comunidad y, específicamente, observar si se ofrecen planes específicos de formación en materia de ciberseguridad.

2.1. LA DIGITALIZACIÓN DE LA VIDA DIARIA

Según la International Telecomunications Union (2021), en los países considerados desarrollados por Naciones Unidas, el porcentaje de personas que usan internet es ya del 90 %, situándose en un 87% en Europa y en un 81% en Norteamérica, a nivel global el 63% de la población mundial accede a internet. Este porcentaje deja fuera del mundo digital a 4,9 billones de personas, sin embargo, en apenas dos años el número de usuarios de internet ha aumentado en 800 millones, con tasas de crecimiento interanuales de en torno al 20% en los contextos con menor penetración de internet, como son ciertas zonas de Asia, África y el Pacífico (ITU, 2021). En este crecimiento de internet está teniendo un papel protagonista el smartphone, que no solo lo ha vuelto ubicuo al permitir que tengamos acceso a la red en casi cualquier momento y lugar, sino que se ha convertido en el dispositivo que ha dado acceso a la red a buena parte del mundo; de hecho, se estima que el 67% de la población mundial dispone de teléfonos móviles (Ministerio del Interior, 2020) y que el «noventa y cinco por ciento de la población mundial tiene hoy a acceso a una red móvil de banda ancha» (ITU, 2021: 9).

La expansión del mundo digital ha provocado profundas transformaciones en nuestras sociedades a múltiples niveles (Lupton, 2015). Autores como Castells (2000, 2012) sostienen que el protagonismo contemporáneo de las redes de comunicación e información ha creado tanto una nueva estructura social como una nueva economía global, e incluso puede llegar a afirmarse que internet ha cambiado cómo se produce y conceptualiza el valor económico (Beer, 2013; Featherstone, 2009; Mackenzie, 2005). Hoy en día gigantes de internet como Facebook, Google o Amazon no solo dominan el mundo digital, sino que se han convertido en algunas de las empresas con mayor valor económico del mundo, y una parte importante de su negocio no es otra que la venta y explotación de los datos personales de sus millones de usuarios (Zuboff, 2015). El Big data se ha convertido en un lucrativo área de negocio por si mismo, pero además ha reconfigurado las estrategias empresariales, e incluso políticas, de organizaciones tanto online como offline, que tiene acceso ahora a inmensas bases de datos que contienen información de naturalezas muy diversas (Constantiou & Kallinikos, 2015).

Asimismo, internet se ha convertido también en parte de nuestra vida diaria. Ver la televisión sigue siendo la principal actividad de ocio de los norteamericanos, sin embargo, el tiempo dedicado a los ordenadores y los videojuegos es cada vez mayor, especialmente entre la población joven (Boureau of Labor Statistics, 2021). Se ha estimado que de media los adolescentes norteamericanos pasan entre 4 y 6 horas diarias en digital media (internet, social media, gaming, texting), una cifra que ha crecido sostenidamente durante todo el siglo XXI y que ha ido acompañada de un decrecimiento del consumo por parte de los jóvenes de medios tradicionales (Twenge et al., 2019). Pero este «desplazamiento» no se ha observado solo entre digital media y medios tradicionales, el crecimiento de las compras online, por ejemplo, también ha producido un desplazamiento de las compras en comercios físicos, lo que ha reducido el tiempo que invertimos en desplazarnos para realizar las compras (Le et al., 2021).

2.2. BRECHA DIGITAL

Es por tanto incuestionable que la digitalización se ha convertido en parte de nuestra vida diaria y que, paralelamente, se ha convertido en un elemento central de nuestras sociedades. La pandémica del COVID-19 y sus consiguientes restricciones a la movilidad evidenciaron de forma clara este proceso que, no obstante, lleva ya varias décadas de desarrollo y parece estar todavía lejos de concluir (Hammerschmid, 2023). Sin embargo, y a pesar del carácter de tendencia constante y de fondo que parece tener, la digitalización no es un proceso neutro.

El proceso de digitalización al que asistimos, así como los cambios tecnológicos que hemos visto desde la década de los 90, trae consigo grandes oportunidades en ámbitos muy diversos (Lupton, 2015). No obstante, estas transformaciones también pueden continuar, o incluso exacerbar dinámicas de exclusión y desigualdad procedentes del contexto social previo (Wong et al., 2009). Durante las últimas décadas las transformaciones tecnológicas han creado brechas y desigualdades que se han articulado en torno al acceso diferencial a las tecnologías de la información y la comunicación. Pero estas brechas digitales, como han venido a denominarse, no están completamente desconectadas de los diferentes vectores de desigualdad de nuestra sociedad, sino que se han erigido perpetuando y reforzando brechas y dinámicas de exclusión social ya preexistentes (Compaine, 2001). Esta continuidad entre brechas y desigualdades se ha traducido en que aquellos más vulnerables en el mundo online, se han convertido también en vulnerables en el mundo online, tal es el caso de las Personas Adultas Mayores.

El concepto de brecha digital hace referencia a las dificultades que encuentran ciertos individuos, grupos o comunidades para acceder a las tecnologías de la información y la comunicación (Campaine, 2001). A menudo tiene a pensarse en la brecha digital como una brecha de carácter económico, pero debe tenerse en cuenta que el concepto brecha digital es multifacético y abarca diferentes formas de desigualdad en el acceso y uso de las tecnologías de información y comunicación (TIC). Podemos hablar, en primer lugar, de una primera brecha digital de carácter económico y que hace referencia a las limitaciones de carácter económico para acceder a la tecnología (van Dijk, 2020). Esta brecha afecta a buena parte de la población mundial que vive en contextos o países empobrecidos, pero también a buena parte de la población de los países considerados desarrollados que, aunque pueden tener cierto acceso a la tecnología, pueden encontrarse con limitaciones de carácter económico que hagan este acceso más costoso en términos de tiempo (por ejemplo, teniendo que desplazarse para acceder a equipos informáticos municipales por no disponer de equipos en el propio domicilio) o que impongan limitaciones en el uso (no pudiéndose, por ejemplo, acceder *software* especializado de pago, o teniendo que limitar el uso de internet para ceñirse a un plan de consumo de datos limitado).

Pero la cuestión económica no es el único motor de brechas digitales. Las habilidades necesarias para utilizar herramientas digitales y realizar tareas consideradas básicas como navegar por internet, no están distribuidas uniformemente (Hargittai, 2010). Podemos hablar por tanto de una segunda brecha digital que procede de la usabilidad de la tecnología. Esta brecha afecta a aquellas personas que, aunque pueden tener acceso a la tecnología, encuentran dificultades para usarla eficazmente (Hargittai, 2010). A menudo esta brecha deviene de la falta de alfabetización digital, afectando particularmente a las poblaciones mayores y a las regiones donde los sistemas educativos no incluyen la alfabetización digital en sus planes de estudio.

Y, por último, encontramos una tercera brecha digital, que se refiere a la diferente capacidad de los individuos para usar la tecnología para mejorar su estatus social y económico (Ragnedda & Muschert, 2013; van Deursen & Helsper, 2015), o simplemente aprovechar las oportunidades y bienes del mundo digital (van Deursen & van Dijk, 2011). Esta brecha tiene que ver con el empoderamiento y competencias de los sujetos. Incluso con acceso y habilidades básicas de usabilidad, los individuos pueden no saber cómo aprovechar la tecnología para acceder a sus fines. Algunos autores hablan incluso de un capital digital (Ragnedda, 2018) que se construiría sobre el resto de capitales procedentes del mundo físico y que determinaría las competencias digitales y, en consecuencia, marcaría el aprovechamiento de las nuevas tecnologías del usuario y su posición en el entorno digital. Dentro de esta estas competencias para desenvolverse en el mundo digital encontramos cuestiones como la capacidad para filtrar información (De Marco, 2022) y, en consecuencia, para desarrollar tareas con seguridad y prevenir victimizaciones.

Tener en cuenta esta tercera brecha, o esta tercera dimensión de la brecha digital, debe hacernos conscientes de que no basta únicamente con tener acceso a la tecnología y unas nociones básicas en su uso para sortear las desigualdades en el entorno digital. Para desenvolverse en el contexto digital y evitar que este reproduzca dinámicas de exclusión procedentes del mundo online, es necesario poseer cierto grado de competencias específicas, las cuales, además, deben actualizarse periódicamente debido a la alta velocidad de los cambios tecnológicos en el momento presente (Adnan & Özbek, 2023). Esta brecha es quizás la más olvidada por parte de las administraciones públicas, sin embargo, es probablemente la que tenga más impacto en que el proceso de digitalización produzca dinámicas de exclusión que afectas a colectivos especialmente vulnerables, como es el de las personas adultas mayores.

2.3. INCLUSIÓN DIGITAL DE LAS PERSONAS ADULTAS MAYORES

Como hemos visto, las brechas digitales tienden a reproducir dinámicas de exclusión social procedentes del mundo offline, así los sujetos más vulnerables en el mundo online tienden a ser también aquellos que sufren las brechas digitales (Robinson et al., 2015). Entre los diferentes colectivos afectados por estas dinámicas de exclusión digital, destacan las Personas Adultas Mayores como uno de los colectivos a los que las brechas digitales afectan con más fuerza (Papí-Gálvez & La Parra-Casado, 2023).

Los elementos que hacen a este colectivo especialmente vulnerable a la exclusión digital son múltiples y tienen diferentes naturalezas, pero el primero que deba ser mencionado son las limitaciones físicas provocadas por el envejecimiento (Sixsmith, 2013). Cuestiones que afectan en mayor proporción a los mayores, o que derivan del envejecimiento como la pérdida de visión, de audición o ciertas limitaciones motoras, pueden dificultar la relación con la tecnología, al poner obstáculos a la interacción con ciertos dispositivos. Sin embargo, debe tenerse en cuenta que, por un lado, los adultos mayores tienen cada vez mejor salud y que, por otro lado, los fabricantes y desarrolladores han llevado a cabo un notable esfuerzo en las últimas décadas para facilitar opciones de accesibilidad que permitan el uso de dispositivos y aplicaciones a pesar de padecerse algún tipo de dificultad o discapacidad física o sensorial. Aunque no es posible negar la importancia de este factor de desigualdad, sí que debemos relativizar su peso y observar que ésta tiende a decrecer. Prueba de esta tendencia de las limitaciones físicas a perder importancia es el constante durante la última década del número de personas adultas mayores que hacen uso de tecnologías como Internet o los smartphones (Beneito-Montagut et al., 2023).

Este aumento del número de mayores que hacen uso de las tecnologías mencionadas nos permite también relativizar la importancia de la dimensión económica de la brecha digital. Por supuesto, se mantienen todavía problemas de carácter económico para acceder a equipos actualizados y para adquirir ciertos servicios digitales, que afectan a las personas adultas mayores (Friemel, 2016), pero gracias al abaratamiento de ciertos equipos y, especialmente, a la penetración de los smartphones, el acceso a la tecnología se ha democratizado (Íñiguez-Berrozpe et al., 2018). A estos dos factores mencionados se le suman los esfuerzos de las administraciones públicas para poner en marcha instalaciones en las que los ciudadanos puedan hacer uso de equipos informáticos.

La dimensión de la brecha digital que tradicionalmente se ha asociado con mayor fuerza a las Personas Adultas Mayores es la relacionada con la posesión de las habilidades y conocimientos necesarios para hacer uso de la tecnología (Anderson & Perrin, 2017).. Los actuales adultos mayores a menudo no han pasado por un proceso de alfabetización digital, lo que provoca cierta falta de familiaridad, al menos con la tecnología de hoy en día, ya que esta no ha sido parte ni de su crianza y desarrollo ni de su actividad profesional. Esta dimensión de la brecha digital es sin duda fundamental, pero está estrechamente conectada con otra dimensión que puede ser considerada incluso más relevante: la dimensión de las competencias o el empoderamiento.

La tecnología contemporánea está evolucionando a un ritmo notablemente acelerado, la actualización constante es una característica de la digitalización, de modo que poder relacionarse eficazmente con la tecnología y seguirle a ésta el ritmo para «no quedarse atrás», implica un esfuerzo constante por parte del usuario (Mubarak & Suomi, 2022). Además, nuestra sociedad se está digitalizando cada vez más, esto implica que cade vez más procesos, instituciones y actividades se desplazan al ciberespacio, de modo que se han multiplicado los contestos digitales y, además, estos son cada vez más diversos. No es lo mismo «desplazarse» por internet para encontrar un producto y realizar una compra online, que comunicarnos con un familiar mediante una red social, que realizar una gestión navegando por webs municipales, que encontrar en un buscador información fidedigna sobre un acontecimiento o suceso. Las diferentes actividades que podemos hacer online nos llevan a diferentes ciberlugares y, en consecuencia, exigen de nosotros diferentes competencias y conocimientos. Esta pluralidad, unida a la rápida transformación tecnológica hace se necesite una formación cada vez más profunda en el uso de la tecnología.

2.4. LA PREVENCIÓN DE LA VICTIMIZACIÓN COMO REQUISITO PARA LA INCLUSIÓN DIGITAL

Los conocimientos rudimentarios o básicos se tornan insuficientes en el contexto actual, de modo que las Personas Adultas Mayores, que a menudo no han pasado porcentajes significativos de su vida inmersos en el contexto digital, son especialmente vulnerables a «quedarse atrás» en este mundo digital y, en consecuencia, a sufrir cierta forma de exclusión social digital. Y es que hoy en día, las instituciones han llevado sus trámites a internet y, además, este es el canal que utilizan para hacer llegar información relevante a los ciudadanos; las plataformas digitales se han convertido en una vía de gran relevancia para sostener las relaciones sociales y, en consecuencia, poder beneficiarnos del apoyo de nuestros allegados; y, por mencionar otro ejemplo, internet pone a disposición del usuario información sobre cualquier tema, lo que brinda un abanico inmenso de posibilidades al usuario (Iivari et al. 2020). Por tanto, quedarse fuera de este contexto o no disponer de las herramientas necesarias para aprovechar sus oportunidades, puede ser un importante foco de desigualdad. Pero esta vulnerabilidad digital no se traduce solo en cierto riesgo de exclusión, sino que tiene profundas consecuencias colaterales como es, por ejemplo, la mayor vulnerabilidad a la hora de ser victimizado (Kemp & Nieves-Erades, 2023).

Las competencias digitales en materia de ciberseguridad y prevención de ciertas formas de victimización ilustran muy bien la necesidad de disponer de herramientas y de cierto «capital digital» para poder hablar de una verdadera inclusión digital (Ragnedda et al, 2022). Desenvolverse en el mundo digital y estar integrado en él implica también poder transitarlo sin riesgo y sin el temor a ser victimizado (Tkáčová et al., 2023). En consecuencia, no puede haber una verdadera inclusión en el contexto digital si el usuario no tiene los conocimientos necesarios para evitar ser victimizado, o si la falta de estos conocimientos le lleva a abstenerse de llevar a cabo ciertas actividades. Pero igual que buena parte de nuestra vida diaria se ha desplazado a Internet, también lo han hecho buena parte de la actividad delictiva, apareciendo en Internet tanto nuevos delitos y formas de daño (como el malware) como nuevas versiones de delitos tan antiguos como el acoso o los fraudes (Miró-Llinares, 2012; Miró-Llinares & Johnson, 2018). Evitar sufrir estas formas de victimización tiene que ver (de forma similar a en el mundo físico) con el conocimiento del entorno, de los ciberlugares en los que se está, y de los diferentes tipos de amenazas. A menudo estos conocimientos se adquieren por el uso, a lo largo de nuestra alfabetización y socialización digital. Así, los adultos mayores por no tener una alfabetización digital, o por haberla tenido de forma más tardía, son especialmente vulnerables a sufrir ciertas formas de victimización en el ciberespacio.

La mayor vulnerabilidad de los adultos mayores ante el cibercrimen nos permite observar una continuidad entre los ejes de desigualdad del mundo físico y del mundo digital, y también evidencia cómo, más allá de la posibilidad de uso y acceso a la tecnología, la brecha digital tiene una importante dimensión que hace referencia a la posesión de competencias específicas que permitan realmente la participación plena en el mundo digital. Es muy difícil hablar de inclusión digital si no se dota a un colectivo de las competencias y habilidades necesarias para hacer uso de las tecnologías de forma segura. Además, debemos tener también en cuenta que la transformación digital está siendo impulsada por las administraciones públicas, que durante la última década están sumergidas de forma decidida en un proceso de digitalización de sus servicios e infraestructuras. Esta transformación empuja en cierto modo a toda la sociedad al ciberespacio y, por supuesto, también a los adultos mayores. En consecuencia, dotar a este colectivo de las competencias específicas necesarias para desenvolverse de forma segura en Internet es clave para poder romper de forma real la brecha digital.

Si bien la digitalización de nuestras sociedades es un proceso imparable y que no depende totalmente de ningún agente concreto, este proceso no es, ni mucho menos, un proceso neutro, está en manos de aquellos actores que la están impulsando orientarla en un sentido o en otro. Es por tanto necesario plantearse qué clase de digitalización están planteando nuestras administraciones públicas y, más específicamente, si están tomando las medidas necesarias para una verdadera inclusión digital de las Personas Adultas mayores.

2.5. MAPEO DE LOS PROGRAMAS FORMATIVOS DESTINADOS A PAM Y REVISIÓN CRÍTICA DE LOS PROYECTOS DE DIGITALIZACIÓN

2.5.1. METODOLOGÍA

Como ya hemos señalado, la administración pública está impulsando el proceso de digitalización y ante este esfuerzo por trasladar a la administración, y en consecuencia a los ciudadanos que se relacionan con ella al ciberespacio, cabe preguntarse qué clase de digitalización se está impulsando y si la administración está trabajando para dotar a las Personas Adultas Mayeros de las herramientas necesarias para desenvolverse de forma segura en Internet, proporcionándoles competencias en materia de ciberseguridad. Para llevar estas preguntas a un ámbito concreto, tomaremos como caso de estudio la Comunidad Valenciana y alguna de sus administraciones más relevantes. En consecuencia, buscaremos conocer cómo se orientan las políticas de la comunidad valenciana en lo relativo a la formación digital de los Adultos Mayores. Para aproximarnos a esta cuestión se ha realizado un mapeo cuyo objetivo ha sido detectar programas formativos en materia de digitalización o TIC destinados a adultos mayores vigentes en la Comunidad Valenciana. Para ello se ha revisado si tenían vigentes (o tenían planificados para un futuro cercano) programas formativos de este tipo las diputaciones de las tres provincias de la comunidad y los ayuntamientos de las capitales de estas tres provincias. En consecuencia, se ha mapeado la existencia de programas formativos en materia de digitalización o TIC destinados a adultos mayores impulsados por alguna de las instituciones siguientes:

- Diputación de Castellón.
- Ayuntamiento de Castellón de la Plana.
- Diputación de Alicante.
- Ayuntamiento de Alicante.
- Diputación de Valencia.
- Ayuntamiento de Valencia.

Para detectar los programas formativos de interés impulsados por alguna de estas instituciones se ha revisado, por un lado, los planes, programas y proyectos relativos a la digitalización; y, por otro lado, los planes e iniciativas impulsadas desde sus áreas de servicios sociales y/o bienestar social. Se ha optado por aproximarse a estas dos áreas debido a que la formación en materia de digitalización orientada a ciertos colectivos puede abordarse tanto desde los programas y áreas encargadas de implementar, desarrollar e impulsar planes de digitalización; como desde las áreas más ligadas a la intervención y acción social. De este modo, se ha buscado abordar de la forma más amplia posible los esfuerzos de las administraciones públicas valencianas por impulsar la digitalización en sus territorios, evitando así dejar fuera de nuestro análisis iniciativas relevantes referidas a nuestro tema de interés. Además, esta perspectiva nos ha permitido no solo mapear las iniciativas formativas, sino también identificar y analizar las líneas que rigen las iniciativas de digitalización impulsadas por las instituciones valencianas.

Para identificar los documentos concretos analizados se ha procedido, en primer lugar, a identificar las páginas web de las diferentes administraciones. Una vez identificadas estas páginas se ha procedido tanto a la navegación a lo largo de su estructura para localizar las páginas y documentos de interés, como a la búsqueda por palabras clave. Para la búsqueda por palabras clave se han utilizado los términos: digitalización, digital, bienestar social, mayores, servicios sociales, plan-estratégico, ciberseguridad, cibervictimización. Estos términos se han buscado tanto en los buscadores de las propias web como en el popular buscador Google, que permite mediante la fórmula «site: *dirección web*» utilizar su motor de búsqueda pero obteniendo solo resultados de la página web indicada.

Como ya hemos señalado, una vez identificados los documentos de potencial interés, estos han sido revisados y analizados con una doble intención: por un lado, se ha buscado identificar los programas formativos en materia de digitalización o TIC destinados a adultos mayores; y, por otro lado, analizar de forma crítica las características de estos programas, determinando los principios que rigen las iniciativas analizadas y la forma de abordar la problemática que toma cada administración. Para guiar estos análisis se ha recurrido tanto a los análisis críticos como a la observación de una serie de ítems destinados a guiar la revisión y a identificar de forma clara el abordaje de la brecha digital de los adultos mayores, con especial atención a si se contempla la necesidad de ofrecer formación destinada a prever la victimización. Estos ítems son los siguientes:

- Contempla en sus planes de digitalización la necesidad de combatir las brechas digitales.
- Contempla en sus planes de digitalización la necesidad de combatir las brechas digitales que afectan a las Personas Adultas Mayores.
- Contempla en sus estrategias de bienestar o servicios sociales la necesidad de combatir la brecha digital.
- Contempla en sus estrategias de bienestar social o servicios sociales la necesidad de combatir las brechas digitales que afectan a las Personas Adultas Mayores.
- Contempla en sus planes o estrategias programas formativos específicos para combatir la brecha digital.
- Contempla en sus planes o estrategias programas formativos específicos para combatir la brecha digital que afectan a las Personas Adultas Mayores.
- Ofrece programas o cursos formativos genéricos (en informática, TIC, etc.) destinados a Personas Adultas Mayores.
- Contempla la necesidad de prevenir la victimización en internet de la Personas Adultas Mayores dentro de sus planes de digitalización o de bienestar y servicios sociales.
- Ofrece algún programa o recurso formativo específicamente orientado a prevenir la victimización en Internet de las Personas Adultas Mayores.

2.5.2. DIPUTACIÓN DE CASTELLÓN

a) Programas de digitalización implementados por la Diputación de Castellón

La diputación de Castellón vertebra sus iniciativas relativas a la digitalización a través de la Estrategia Provincial para el Fomento del Empleo, el Emprendimiento y la Promoción Económica. Esta estrategia comprende el *Plan Provincial para la Intermediación Laboral, el Desarrollo Local y la Formación; Plan Provincial Promoción de Iniciativas Empresariales; Plan Provincial de Apoyo a la Consolidación Empresarial.*

A través de los diferentes planes, recogidos en la Estrategia la diputación de Castellón busca proponer iniciativas que respondan a las necesidades de los municipios de la provincia en términos de empleo y consolidación de las empresas. Dentro de la Estrategia la digitalización tiene un peso importante, especialmente en la Escuela de Empresas, que recoge una serie de acciones formativas. Concretamente, la Escuela de Empresas tiene un programa específico de digitalización de empresas, formado por los siguientes cursos: «Transformación digital en la empresa», «Herramientas digitales para el trabajo colaborativo», «Gestión empresarial informatizada», «Jornada Ciberseguridad para Pymes y Autónomos», «Smart Villages. Dinamización de la Plataforma Rural Inteligente de la Provincia de Castellón».

Si bien este programa de digitalización de las empresas tiene entre los objetivos de sus cursos formar en competencias digitales y abordar los retos de la digitalización, ninguno de ellos hace referencias a las brechas digitales que pudieran afectar tanto a los ciudadanos a la hora de relacionarse con estas empresas digitalizadas como a los propios empresarios.

b) Programas de bienestar social y Servicios Sociales implementados por la Diputación de Castellón

Actualmente, y en los próximos años, la actuación de la Diputación de Castellón en Servicios Sociales se rige por el *Plan Estratégico de Servicios Sociales de la Diputación de Castellón 2023-2026*[1]. En su parte propositiva, es decir, al diseñar el plan de acción y establecer sus líneas estratégicas y objetivos, la digitalización y sus retos solo aparece mencionada dentro de la *Línea estratégica 8 – Investigación* y, además, se menciona solo de forma colateral. Así, dentro de esta línea encontramos el siguiente objetivo específico: «Realizar un diagnóstico de los obstáculos y facilitadoras (personales, sociales, económico-financieros y digitales), en mujeres emprendedoras rurales en la provincia de Castellón». Se hace, por tanto, referencia explícita al diagnóstico de obstáculos de carácter digital de un colectivo específico, el de la mujer, en un contexto específico, el del emprendimiento rural. No se observa, por tanto, referencia a la digitalización o formación en TIC de las Personas Adultas Mayores en las acciones o estrategias planteadas a futuro por el Plan de Acción.

Por último, cabe destacar que el Plan Reseñado incluye también los resultados de un Taller Participativo que implicó a entidades sociales y administraciones locales, y fue usado para detectar necesidades y recoger propuestas de mejora. En dicho taller, tanto representantes de las entidades locales como de las corporaciones municipales, señalaron como necesidad abordar «Los problemas de accesibilidad por falta de conocimiento y Recur-

1. Se trata del primer Plan de este tipo aprobado por la Diputación, por lo que no es posible comparar con los planes de años previos.

sos (brecha digital como factor de riesgo)». Sin embargo, dicha necesidad se incluye en el ámbito de actuación Incluso social y Laboral, son referencias a colectivos específicos, y no en el ámbito de actuación «Discapacidad, Autonomía Personal y Personas Mayores».

c) Análisis crítico: Digitalización y PAM desde la Diputación de Castellón

No ha podido encontrase evidencia de que la Diputación de Castellón haya impulsado programas o acciones para la digitalización que tengan en cuenta de forma específica a las Personas Adultas Mayores y, en consecuencia, tampoco se han encontrado acciones encaminadas a evitar la victimización de Personas Adultas Mayores en el ciberespacio.

La digitalización parece abordarse desde la Diputación de Castellón desde una perspectiva principalmente económica que entiende las competencias digitales como una vía (o impedimento en su ausencia) para la inclusión laboral y para el desarrollo empresarial. Si bien, la dimensión económica de la transformación digital es notablemente relevante, no debe olvidarse que las competencias digitales son hoy en día elementos centrales para la inclusión social e incluso para la realización personal.

Por último, debe señalarse que, como se ha observado, la diputación está impulsando programas formativos sobre seguridad, pero esta se enfoca desde la parte del oferente del servicio o del gestor de la infraestructura digital (en este caso es el empresario el que recibe la formación), obviando la formación en ciberseguridad en el lado del cliente o usuario.

2.5.3. AYUNTAMIENTO DE CASTELLÓN

a) Programas de digitalización implementados por el Ayuntamiento de Castellón

De la mano del Plan de Recuperación, Transformación y Resiliencia impulsado por el gobierno de España, el Ayuntamiento de Castellón está impulsando un ambicioso programa de «Transformación digital y modernización de las Administraciones de las Entidades Locales»[2], que entre 2021 y 2023 ha impulsado la digitalización de los puestos de trabajo de la entidad, así como el desarrollo de acciones relativas a la ciberseguridad, pero éstas se han orientado únicamente a los miembros de la corporación local.

2. https://www.castello.es/es/-/modernizaci%C3%B3n-y-digitalizaci%C3%B3n-de-la-administraci%C3%B3n?redirect=%2Fes%2Fcercador%3Fdelta%3D4%26start%3D3035

Asimismo, la corporación local está también poniendo en marcha un proyecto de Transformación Digital Urbana[3], que forma parte de la más amplia Agenda Urbana Castelló-2030, y a través del que se busca impulsar la digitalización tanto de la propia administración como del tejido empresarial, pero, además, este proyecto recoge entre sus objetivos específicos la reducción de la brecha digital. De hecho, entre sus actuaciones este proyecto prevé la puesta en marcha de un «Programa de formación en digitalización para reducir la brecha digital en personas mayores». Y es que en su informe de diagnóstico en materia de Cohesión Social, Igualdad y Vivienda la Agenda urbana establece como uno de los principales retos a los que se enfrenta el municipio «abordar la Brecha Digital, especialmente entre la Población de más de 65 años»[4] (p.52). Por último, cabe señalar que la Agenda Urbana Castelló 2030 contempla también la ciberseguridad como uno de sus objetivos, pero ésta se entiende como «ciberseguridad municipal», orientándose exclusivamente a proteger las infraestructuras del ayuntamiento.

b) Programas de bienestar social y Servicios Sociales implementados por el Ayuntamiento de Castellón

El Ayuntamiento de Castellón cuenta además con una «Unidad de la Gente Mayor»[5], desde la que, entre otras actividades, se impulsan programas de Formación a través del Centro para Mayores Columbretes[6]. El Programa «Aula de Mayores 2023-2024» ofrece cursos que se agrupan en tres módulos, uno de los cuales —el Módulo de Ciencias y Humanidades— comprende 3 cursos de formación en el uso de las TIC: Curso Básico TIC, Curso Medio TIC y Curso Avanzado TIC.

c) Análisis crítico Digitalización y PAM desde la Diputación de Castellón

El Ayuntamiento de Castellón despliega una concepción de la digitalización que la orienta tanto a los procesos propios de la administración como hacia el sector empresarial. Pero, además, sus programas de impulso de la digitalización reconocen como reto de importancia la Brecha digital y, específicamente, la brecha digital que afecta a los Adultos Mayores. Pero este diagnóstico no es un mero reconocimiento, sino que la corporación local prevé y despliega programas de formación específicos destinados a este

3. https://agendaurbana.castello.es/ficha/transformacion-digital-urbana/
4. http://agendaurbana.castello.es/wp-content/uploads/2022/06/AU_CASTELLO%CC%81-DIAGNO%CC%81STICO_GT3.pdf
5. https://www.castello.es/es/unidad-gente-mayor#contenido1521031
6. https://centrocolumbretes.com/

colectivo. No obstante, no se han encontrado referencias a la necesidad de formar en materia de ciberseguridad a los usuarios vulnerables, centrándose la ciberseguridad en la protección de la estructuras y servicios municipales, y no en los usuarios.

2.5.4. DIPUTACIÓN DE ALICANTE

a) Programas de digitalización implementados por la Diputación de Alicante

En cuanto a los programas de impulso a la digitalización cabe señalar en primer lugar, por su carácter macro y aglutinador de otros programas, el «Plan de Acción para la Implementación de la Agenda 2030 en la Diputación de Alicante», que viene desarrollándose desde 2022[7]. Este Plan recoge una serie políticas palanca, destinadas a alinear la acción de la Diputación de Alicante con los Objetivos de Desarrollo Sostenible promulgados por la Agenda 2030 de la Comisión Europea. Dentro de estas políticas palanca se encuentra la denominada «Administración eficiente y sociedad digital e innovadora», que recoge en su seno una serie de indicadores y de líneas de acción que, en su mayoría, se dirigen hacia la digitalización de la administración y la formación de su personal en medios digitales y en captación de recursos procedentes de proyectos europeos.

En un sentido muy similar a las políticas expresadas en el Plan de Acción para la Implementación de la Agenda 2030 van los Planes Moderniza (en 2023 este plan inicio su séptima iteración) que amparan la firma de convenios entre la administración local y la Diputación de Alicante para dotar a las administraciones locales de los medios necesarios para digitalizar sus servicios, ofreciéndoles tanto formación como infraestructuras.

Debemos detenernos también en el Plan Smart Province, que sintetiza un buen número de acciones tendentes a la digitalización de la provincia y en el que, dado su carácter especialmente ilustrativo, debemos deteneros. La estrategia de digitalización impulsada por la Diputación de Alicante, como se detalla en el documento «Plan Smart Province», se centra en varias áreas clave:

1. Gestión Tributaria Inteligente: Se basa en la utilización de sistemas de información geográfica (SIG) y big data para mejorar la gestión tributaria. Incluye:

7. https://abierta.diputacionalicante.es/normativa-convocatorias-y-planes/1-planes-anuales-y-plurianuales/

- Ecualización de tasas para que se correspondan con la dinámica social y económica de cada municipio.
- Inspección fiscal inteligente utilizando datos de diversos impuestos y tasas para realizar correlaciones y obtener información relevante.
- Detección de incoherencias entre datos físicos y administrativos.
- Gestión inteligente de multas, con la utilización de dispositivos móviles por parte de las policías locales para mejorar la seguridad vial.

2. Ciclo Inteligente del Agua: Incluye la implantación de una red provincial de telemetría y contadores inteligentes para mejorar la gestión del agua. Esta iniciativa se extiende por toda la provincia e incluye control de redes de abastecimiento y consumo domiciliario con equipos que se comunican inalámbricamente con una gran base de datos provincial.

3. Medio Ambiente Inteligente (Smart Environment): Se enfoca en la energía, el arbolado urbano y la gestión de residuos urbanos. Incluye la continuación del Plan de Ahorro Energético para mejorar la eficiencia energética y la implementación de energías renovables, así como la reducción de las emisiones de CO2

4. Gestión de Residuos: Utiliza la geolocalización y tecnologías de identificación electrónica (NFC y RFID) para optimizar la recogida y gestión de residuos, incluyendo la bonificación e incentivo para la recogida selectiva. También se desarrollan aplicaciones y herramientas de comunicación para la gestión de residuos, mejorando la conciencia y el conocimiento ciudadano sobre la importancia de una correcta segregación de residuos.

5. Sistema de Información Integral: La estrategia indica la necesidad de un sistema de información capaz de monitorizar y conectar todos los elementos sensorizables o de análisis de datos de los diferentes servicios y verticales. Esto permitiría a los ayuntamientos y entidades locales explotar big data y plantear líneas de open data para mejorar la eficiencia y prestación de servicios públicos.

Como muestran los puntos mencionados, la estrategia de digitalización de la Diputación de Alicante se centra en la utilización de tecnologías avanzadas para mejorar la gestión tributaria, el ciclo del agua, el medio ambiente y la gestión de residuos, todo ello soportado por un sistema de información integral que conecta y analiza datos para la optimización de los servicios públicos. Sin embargo, no se contempla dentro de este plan la formación de los ciudadanos en las tecnologías que se quiere implementar ni en su relación con ellas. No obstante, la participación y el conocimiento ciudadano se mencionan en contextos como la gestión de residuos y la eficiencia energética, donde se busca mejorar la conciencia y el conocimiento de la ciudadanía sobre prácticas adecuadas de segregación y reciclaje de residuos, y sobre el ahorro de energía. Esto sugiere que hay un interés en involucrar y educar a la ciudadanía en ciertas áreas relacionadas con la digitalización, pero no hay propuestas concretas.

Sin embargo, sí que se encuentran propuestas concretas en este ámbito si observamos las propuestas que se desarrollan en el seno del Centro de Inteligencia Digital (CENID), creado por la Diputación de Alicante en colaboración con la Universidad de Alicante y la Universidad Miguel Hernández de Elche. A través del CENID se vertebra una gran cantidad de proyectos de digitalización, entre los cuales cabe destacar el proyecto Guía de actuación para la inclusión efectiva de las personas adultas mayores. Este proyecto se orienta a formar a los profesionales de las administraciones públicas que trabajan con Personas Adultas Mayores para que puedan desarrollar iniciativas de formación para este colectivo que no solo se orienten a reducir la brecha digital, sino también a prevenir la cibervitimización.

b) Programas de bienestar social y Servicios Sociales implementados por la Diputación de Alicante

A diferencia de en el caso de Castellón, la Diputación de Alicante parece carecer de un Plan Estratégico de Servicios sociales, así como tampoco se han encontrado planes o líneas de acción específicos orientados a la actuación en áreas relacionadas con los servicios o el bienestar social (entendido desde la acción social).

c) Análisis crítico Digitalización y PAM desde la Diputación de Alicante

La Diputación de Alicante está impulsado de forma decidida la digitalización de los municipios de la provincia, implementando programas y líneas de financiación que ayuden a los municipios a emprender acciones concretas. La diputación juega por tanto un rol fundamentalmente promotor de la digitalización. Esta digitalización impulsada por la diputación se orienta hacia diferentes áreas, pero se centra fundamentalmente en la digitalización de los procesos y recursos municipales. En este sentido, la digitalización impulsada por la Diputación se orienta fundamentalmente hacia dentro, hacia los propios procesos de la administración.

Es cierto que en el Plan de Acción para la Implementación de la Agenda 2030 en la Diputación de Alicante se hace referencia a la implicación de la ciudadanía, lo que permite observar que hay cierto interés en implicar al resto de la sociedad en los procesos de transformación tecnológica. En los planes revisados no se han encontrado referencias a la brecha digital ni a las diferentes desigualdades que pueden aparecer o recrudecerse en el acceso y uso de los servicios digitales, pero la Diputación, a través del CENID, sí que contempla la importancia de reducir la brecha digital y, de hecho, plantea como actuación específica la puesta en marcha de proyectos orientados a reducir la brecha digital que afecta a los Adultos mayores y a prevenir la victimización.

2.5.5. AYUNTAMIENTO DE ALICANTE

a) Programas de digitalización implementados por el Ayuntamiento de Alicante

El ayuntamiento de Alicante está impulsando la digitalización de diferentes sectores de la ciudad a través de distintos planes estratégicos, como es el Plan de Acción de Comercio[8], que pone como política transversal a todo el Plan la Digitalización, y de proyectos específicos como los comprendidos dentro del programa de Modernización y Transformación Digital. También cabe mencionar el plan Alicante Futura, que contempla una serie de acciones para impulsar Alicante como ciudad tecnológica, entre las que se encuentran incluso charlas sobre tecnología destinadas a adultos mayores. Pero el plan nuclear que vertebra las intervenciones municipales más importantes en materia de digitalización es el Plan Alicante Smart City 2.0 (2021-2027). Este plan incluye 25 proyectos y tiene como objetivo coordinar y potenciar las actuaciones relacionadas con la innovación tecnológica en la ciudad, buscando «generar ideas innovadoras para una gestión sostenible y eficiente del ecosistema urbano».

Igual que otros planes de digitalización, el Plan Alicante Smart City 2.0. busca mejorar la competitividad y e impulsar desarrollo económico de la ciudad, aprovechando las oportunidades generadas por la tecnología y la innovación, enfocándose en elementos como el empleo, el emprendimiento, la industria, el comercio local y el turismo. En consecuencia ha servicio como

---

8. https://www.alicante.es/es/noticias/plan-accion-comercio-apuesta-digitalizacion-nuevos-servicios-ylos-mercados#:~:text=La%20edil%20Lidia%20L%C3%B3pez%20destaca,19%20de%20noviembre%20de%202023

marco para la implementación de programas de digitalización de las infraestructuras y los negocios, y de formación del personal de la administración. Pero este Plan destaca por ir más allá de la digitalización de los procesos administrativos o comerciales, el Plan Alicante Smart City 2.0[9] apuesta de forma muy contundente por aprovechar las tecnologías para mejorar las Políticas Sociales. El plan tiene entre sus objetivos optimizar la gestión de servicios sociales municipales, permitiendo que los ciudadanos accedan fácilmente a estos servicios y que la administración gestione eficientemente los datos relacionados. El plan reconoce así la importancia de la tecnología como un medio para mejorar las políticas sociales. Además, el plan tiene la ciberseguridad contemplada dentro de sus objetivos estratégicos, colocándola en la base del diseño de numerosas actuaciones. Sin embargo, la ciberseguridad parece contemplarse únicamente como vía para eliminar vulnerabilidades en los servicios municipales.

Pero el Plan no se limita a poner como objetivo hacer uso de la tecnología para facilitar el acceso a los servicios, sino que, además el plan reconoce de forma explícita la existencia de brechas digitales y contempla acciones específicas para combatirla. Por tanto, el plan contempla promover el acceso a nuevas tecnologías y la cultura digital, especialmente entre los sectores de la población que están más alejados de ellas, así como incrementar los programas de alfabetización digital. De hecho, el plan recoge la existencia de tres brechas digitales, centrándose en plantear acciones para afrontar dos de ellas; desigualdades en el acceso a equipamientos (primera brecha digital), desigualdades en la utilización y la comprensión de los medios que ya se encuentran a nuestro alcance (segunda brecha digital).

Para ello el Plan contempla, por un lado, la puesta en marcha del Proyecto Digitalízate, a través de la concejalía de Acción Social. Este proyecto, ya en marcha, se orienta a asistir a personas mayores y con baja alfabetización digital, dotándoles de los medios para realizar gestiones en internet (Renta Valenciana de Inclusión, Ingreso Mínimo Vital, Renovación del DARDE, cita para renovación o tramitación del DNI y/o Pasaporte, solicitud de Partidas de nacimiento, citas médicas, renovación permiso de conducción, etc.) a través de aulas digitales. Pero estas aulas no se limitan a facilitar medios materiales, sino que cuentan con puestos tanto tutorizados, como no tutorizados, destinados estos últimos a personas con conocimientos sobre los procesos, pero sin los medios de necesarios para realizarlos.

Además, para abordar la brecha de uso, el Plan también establece la realización de talleres de Alfabetización Digital. Estos talleres se dirigen

9. Plan Alicante Smart City «2.0» | Ayuntamiento de Alicante.

principalmente a personas mayores y personas derivadas de los equipos sociales y tienen como objetivo mejorar las competencias y habilidades para manejar las TIC. Existen dos tipos de talleres de Alfabetización Digital: talleres itinerantes, que se realizan en los centros comunitarios, se orientan a la integración laboral y se dirigen principalmente a personas derivadas de los equipos sociales; y talleres estables, realizados en los centros municipales para personas mayores y dirigidos a adultos mayores.

b) Programas de bienestar social y Servicios Sociales implementados por el Ayuntamiento de Alicante

En el apartado previo ya hemos descrito los Talleres de Alfabetización Digital y el Proyecto Digitalízate, ambos vinculados al área de Acción Social. A través de estas dos iniciativas convergen tanto los programas de Bienestar Social y Servicios Sociales municipales como los programas orientados a la digitalización. Pero más allá de etas dos iniciativas, cabe mencionar también el Plan Estratégico Zonal de Servicios Sociales de Alicante[10], ya que este plan aborda la digitalización y la modernización de los servicios sociales como uno de sus objetivos clave. El Plan recoge la búsqueda por parte de la administración de mejorar la eficiencia de los servicios que ofrece, pero también hace referencia a la necesidad de mejorar la accesibilidad de los mismos. Es decir, el plan plantea el uso de la tecnología para la modernización de los procesos, la aplicación de herramientas informáticas e incluso el desarrollo de herramientas específicas para tareas como la gestión de los casos atendidos por servicios sociales. Pero la digitalización parece plantearse en este plan buscando no solo modernizar los sistemas y procesos existentes, sino también asegurar que los servicios sean «centrados en la persona» y «adaptándose a las necesidades individuales». Es decir, se recoge al menos cierta voluntad de poner al usuario en el centro. No se plantean aquí actuaciones específicas, pero puede entenderse que estás vienen ya planteadas a través del Plan Digitalízate y de los Talleres de Alfabetización Digital.

c) Análisis crítico: Digitalización y PAM desde el Ayuntamiento de Alicante

Al igual que otras administraciones, el Ayuntamiento de Alicante viene desarrollando durante los últimos años una ambiciosa estrategia de digitalización de la ciudad, y, también como otras administraciones, esta estra-

10. https://www.alicante.es/sites/default/files/documentos/documentos/plan-estratedico-zonal-servicios-sociales-alicante-2023-2026/plan-estrategico-zonal-ss-alicante.pdf

tegia se ha orientado con fuerza a la digitalización de los procesos internos de la administración (gestión recursos e infraestructuras, aplicación de tecnologías para el funcionamiento de la administración) y a impulsar la digitalización del sector empresarial.

Pero la digitalización impulsada por el Ayuntamiento de Alicante no se limita solo al sector empresarial y a la digitalización de la administración, sino que a través de los planes reseñados el Ayuntamiento de Alicante despliega una visión holística de este proceso, haciendo referencia expresa a las diferentes brechas digitales existentes. De hecho, es especialmente reseñable que dentro de su apuesta por la Inclusión Digital el Ayuntamiento de Alicante no se limite a reconocer la necesidad de dotar de medios a los ciudadanos para acceder a los servicios digitales, sino que, además, hace referencia explícita a la necesidad de contar con las competencias necesarias para acceder a estos servicios. Este planteamiento se traduce en iniciativas concretas dirigidas de forma específica a reducir o eliminar las brechas digitales. Como hemos visto, estas iniciativas son los Talleres de Alfabetización Digital y el Plan Digitalízate. Cabe además destacar que los Talleres de Alfabetización Digital, en su versión de talleres estables, se orientan principalmente a Personas Adultas mayores. Por último, señalar que, si bien el Ayuntamiento de Alicante despliegue una visión muy amplia de la digitalización, la cuestión de la seguridad y la prevención de riesgos ligados al ciberespacio parece abordarse solo por la parte de la administración, no ofreciéndose recursos específicos ene te sentido a las Personas Adultas mayores.

2.5.6. DIPUTACIÓN DE VALENCIA

a) Programas de digitalización implementados por la Diputación de Valencia

Igual que la diputación de Alicante, la diputación de Valencia apuesta por la digitalización de la provincia impulsando y ofreciendo financiación a los proyectos planteados por los municipios. Prueba de esta apuesta es el Plan de Inversiones para 2022 y 2023 de la Diputación[11], que tiene tres áreas clave: sostenibilidad, digitalización y igualdad. La digitalización es, por tanto, una de las líneas principales a impulsar por la acción de la diputación, pero esta se dirige fundamentalmente a impulsar proyectos de smartcities en la provincia, entendiendo este modelo desde una perspectiva que lo liga fundamentalmente a la gestión digital de los recursos y las infraestructuras,

11. https://www.dival.es/cooperacion-municipal/content/plan-de-inversiones-22-23

dirigiéndose la mayoría de las acciones y la financiación a áreas como la gestión de residuos, de recursos como el agua o el tráfico[12].

b) Programas de bienestar social y Servicios Sociales implementados por la Diputación de Valencia

El área de Bienestar Social de la Diputación de Valencia sigue le mismo rol que ha adoptado la diputación en materia de digitalización, es decir, toma un papel promotor ofreciendo financiación a proyectos de otras entidades públicas o privadas. En consecuencia, la acción más destacada de la Diputación de Valencia es la convocatoria anual de subvenciones para financiar acciones sociales. Así, la financiación de proyectos en esta área se realiza mediante la «convocatoria de subvenciones para el mantenimiento y desarrollo de proyectos específicos de mancomunidades, asociaciones y entidades privadas de acción social de la provincia de valencia». Al menos en 2023, estas subvenciones se vertebran a través de 4 líneas de acción debiendo encajar los proyectos que optan a financiación en una de ellas. Tres de estas 4 líneas se orientan al ámbito de la salud y una de ellas permite la financiación de proyectos que se destinen a «colectivos vulnerables y realizan actuaciones integrales contra la exclusión social y para la erradicación de la pobreza»[13]. Como puede verse es difícil encajar dentro de alguna de las líneas actuaciones tendentes a reducir la brecha digital y, de hecho, no se menciona la digitalización en la convocatoria.

c) Análisis crítico Digitalización y PAM desde la Diputación Valenciana

Como ya hemos observado al revisar los Planes y Programas de otras diputaciones provinciales, la Diputación Provincial de Valencia juega un papel de impulsor o promotor de iniciativas procedentes de otras administraciones. No ha podido encontrarse, en consecuencia, Planes estratégicos o programas que marquen las líneas de esta administración en la materia de interés. No obstante, y a pesar de la escasa información disponible, sí que es relevante mencionar que las líneas de financiación impulsadas por la Diputación Valenciana en su Plan de Inversiones Vigente no se orientan de forma específica a actuaciones de formación en digitalización o a reducir la brecha digital. Vemos, en consecuencia, un impulso de la digitalización desde una administración pública que parece entender la digitalización fundamentalmente como una oportunidad para el sector privado y como

12. https://www.dival.es/es/informatica/content/smart-cities-solicitud-subvencion
13. https://www.dival.es/es/bienestar-social/sites/default/files/benestarsocial/Convocatoria%20mto%20y%20proyectos%202023_0.pdf

una vía para mejorar la eficiencia de los procesos internos de la administración, sin tener en cuenta la necesidad de una inclusión digital y las consecuentes necesidades en materia de prevención de la victimización.

2.5.7. AYUNTAMIENTO DE VALENCIA

a) Programas de digitalización implementados por el Ayuntamiento de Valencia

El Ayuntamiento de Valencia está desarrollando varios programas y planes de digitalización que buscan la transformación de la ciudad y su tejido económico. A través de iniciativas como València Activa, el Ayuntamiento busca llevar los negocios, especialmente los de pequeño tamaño, el ámbito digital, para así mejorar la competitividad de las empresas locales y fomentar el emprendimiento tecnológico. El programa incluye formación, asesoramiento personalizado, y busca promover la cultura digital, la ciberseguridad, y el desarrollo de talento digital.

Además, en el marco de los proyectos «Next Generation» financiados por la Unión Europea, el Ayuntamiento de Valencia planea ejecutar 200 proyectos con un coste de 1.290 millones de euros. Estos proyectos están diseñados para impulsar la recuperación económica, la transición ecológica y la transformación digital de la ciudad. Entre ellos, destaca una partida de 223,5 millones de euros para apoyar el emprendimiento digital y la innovación en el tejido económico y urbano.

Por último, debe también mencionarse la Oficina de Ciudad Inteligente[14], creada en 2018 y que desde entonces coordina las diferentes actuaciones tendentes a convertir y consolidar a Valencia como una Smart City. En el seno de esta oficina se han desarrollado múltiples proyectos referidos principalmente a la digitalización de la infraestructura municipal valenciana. Aunque, como hemos señalado, las iniciativas en este sentido llevan implementándose durante más de un lustro, la Estrategia Valencia Ciudad Inteligente 2023 busca ahondar en este proceso, buscando construir una ciudad más «accesible, sostenible, inteligente y digital» (p. 5). Para alcanzar este objetivo la estrategia plantea el uso de tecnologías avanzadas como los «digital twins» o la «inteligencia artificial» y hace especial hincapié en optimizar los sistemas de gobierno. En consecuencia, el documento plantea «gobierno digital» que, además, estará «basado en valores». Con esta apelación a «los valores», la Estrategia hace referencia a la necesidad de orientarse hacia ciertos principios fundamentales de carácter social. En este sentido, cabe mencionar dos de estos principios fundamentales por su especial

14. https://smartcity.valencia.es/vlci/clausulas-smart/

relación con la presente investigación: «El empoderamiento y la alfabetización digital», definido en la estrategia como «Gestión de la ciudadanía de su propia identidad y visibilidad digital, dando autonomía y empoderamiento de sus propios datos a las personas»; y «La participación social y la inclusión digital para dar forma al mundo digital», descrito como «Igualdad de acceso a los servicios digitales y participación de la sociedad en las formulación y decisiones de ciudad».

Los principios fundamentales mencionados se concretan en el objetivo estratégico «Consolidar los servicios inclusivos de la ciudad, luchando contra las desigualdades al proporcionar acceso global a todos los servicios con igualdad de derechos y facilitar la centralización, distribución y gestión de datos de ámbito social». Este objetivo se enmarca en el área «Bienestar Ciudadano, cultura, accesibilidad e inclusividad», y parece apelar a cierta inclusión digital que permita romper la brecha digital. No obstante, se enfoca fundamentalmente en facilitar el acceso a datos y a la digitalización de los procesos, concretándose en diferentes iniciativas en este sentido, y no habiendo apenas iniciativas que hagan referencia a aportar medios o competencias a los ciudadanos para relacionarse con la administración. No obstante, sí que debe destacarse que el Ayuntamiento de Valencia está poniendo en marcha lo que se denomina «punto de ayuda digital», una iniciativa en virtud de la cual 2 «monitores digitales» se desplazan periódicamente a los diferentes barrios de la ciudad para ayudar a los ciudadanos a usar las herramientas digitales del Ayuntamiento.

b) Programas de bienestar social y Servicios Sociales implementados por el Ayuntamiento de Valencia

Como hemos visto, el Ayuntamiento de Valencia está haciendo una importante apuesta por la digitalización de sus servicios, lo que incluye sus servicios sociales. Esto tiene una traslación directa en el Plan de Servicios Sociales 2019-2023, que recoge entre sus acciones específicas «3.4.3. Simplificación en los procedimientos administrativos para que la intervención, las prestaciones y los recursos puedan aplicarse con la máxima agilidad».

Asimismo, también debe destacarse que el Ayuntamiento de Valencia impulsa un amplio abanico de cursos destinados a personas mayores que se recogen en un programa de actividades que incluye tanto actividades culturales como cursos y talleres. Tal y como recoge el «Programa de Actividades para Personas Mayores Activas y Saludables 2023/2024», una parte de los talleres y cursos tienen como temática la informática, impartiéndose estos cursos en 13 centros municipales.

c) Análisis crítico Digitalización y PAM desde el Ayuntamiento de Valencia

La revisión de los planes y programas sobre digitalización y bienestar social del Ayuntamiento de Valencia nos ha permitido ver que en sus esfuerzos por consolidar a Valencia como una Smart City tiene también en cuenta cierta dimensión social de la digitalización. Sin embargo, esta dimensión social tiene un carácter relativamente limitado ya que parece centrarse fundamentalmente en permitir el acceso de los ciudadanos a los datos de la ciudad y a digitalizar los servicios ofertados, una vía esta último que, si bien es notablemente interesante, presenta fallas si no se plantea teniendo en cuenta la brecha digital. No obstante, y aunque la inclusión digital parece tener un carácter relativamente secundario, dentro de la Oficina ciudad Inteligente encontramos los puntos de Ayuda Digital. Una iniciativa destinada a formar a la ciudadanía en la relación electrónica con la administración, pero que no se orienta de forma específica a poblaciones especialmente vulnerables a la exclusión digital.

Por otra parte, también debe mencionarse el Programa de Actividades para Personas Mayores Activas y Saludables 2023/2024, que se dirige de forma específica a los Adultos Mayores y cuenta con ciertos cursos de informática. Pero es necesario subrayar que estos cursos no forman parte de una actuación específica para evitar la exclusión digital y que tampoco se contemplan cursos orientados exclusivamente a evitar la victimización. Es decir, que, aunque encontramos en el seno del Ayuntamiento de Valencia iniciativas orientadas a la formación de los Adultos Mayores y a acercar los medios tecnológicos a la administración, estas son iniciativas separadas, careciendo la ciudad de planes o iniciativas específicamente diseñadas a la formación digital de adultos mayores, o a prevenir su cibervictimización un área de vital importancia para evitar que una Smart city propicie y acreciente lógicas de exclusión.

2.6. CONCLUSIONES

Tabla 1. Tabla resumen

	Dip. de Castellón	**Ayunt. de Castellón**	**Dip. de Alicante**	**Ayunt. de Alicante**	**Dip. de Valencia**	**Ayunt. de Valencia**
Contempla en sus **planes de digitalización** la **necesidad** de combatir las brechas digitales	✗	✓	✗	✓	✗	✓
Contempla en sus **planes de digitalización** la **necesidad** de combatir las brechas digitales que afectan a las **Personas Adultas Mayores Adultas**	✗	✓	✗	✓	✗	✗
Contempla en sus estrategias de **bienestar o servicios sociales** la **necesidad** de combatir la brecha digital	✓	✓	✗	✓	✗	✓
Contempla en sus estrategias de **bienestar social o servicios**	✓	✓	✗	✓	✗	✗

	Dip. de Castellón	**Ayunt. de Castellón**	**Dip. de Alicante**	**Ayunt. de Alicante**	**Dip. de Valencia**	**Ayunt. de Valencia**
sociales la **necesidad** de combatir las brechas digitales que afectan a las **Personas Adultas Mayores**						
Contempla en sus planes o estrategias **programas formativos específicos** para combatir la brecha digital	✓	✓	✗	✓	✗	✓
Contempla en sus planes o estrategias **programas formativos específicos** para combatir la brecha digital que afectan a las **Personas Adultas Mayores**	✗	✓	✗	✓	✗	✗
Ofrece programas o	✗	✓	✗	✓	✗	✓

	Dip. de Castellón	**Ayunt. de Castellón**	**Dip. de Alicante**	**Ayunt. de Alicante**	**Dip. de Valencia**	**Ayunt. de Valencia**
cursos formativos genéricos (en informática, TIC, etc.) destinados a **Personas Adultas Mayores**						
Contempla la **necesidad de prevenir la victimización** en internet de la **Personas Adultas Mayores** dentro de sus planes de digitalización o de bienestar y servicios sociales	✗	✗	✓	✗	✗	✗
Ofrece algún programa o **recurso formativo** específicamente orientado a **prevenir la victimización** en Internet de las **Personas**	✗	✗	✗	✗	✗	✗

	Dip. de Castellón	Ayunt. de Castellón	Dip. de Alicante	Ayunt. de Alicante	Dip. de Valencia	Ayunt. de Valencia
Adultas Mayores						

La digitalización es un proceso que atraviesa nuestras sociedades y que ya ha transformado buen parte de nuestras vidas y nuestras infraestructuras. Pero, como ya hemos señalado, la digitalización es un proceso dinámico y en constante evolución, ya que éste es el carácter que, de momento, aparentan tener estas tecnologías. Los diferentes niveles de la administración pública parecen ser conscientes de la importancia de este proceso, así hemos podido observar cómo tanto diputaciones provinciales como administraciones locales están poniendo en marcha ambiciosos planes orientados hacia la digitalización. Estos planes, financiados en muchas ocasiones por fondos procedentes de la Comisión Europea, plantean un amplio abanico de acciones y recogen la puesta en marcha de propuestas de muy distinto tipo. No obstante, el mapeo de iniciativas y programas realizado a nivel de la Comunidad Valencina parece indicar que la transformación social digital se está orientando prioritariamente en ciertas direcciones bastante concretas.

Como ya hemos desarrollado, si hablamos de digitalización es relevante comprender que estamos ante un proceso amplio que recorre todos los aspectos de nuestra sociedad y afecta, de una forma u otra, a todos sus miembros. Pero más allá de cómo conceptualicemos la digitalización como proceso social, si hablamos de la digitalización como proyecto o proceso a ser acometido por los agentes sociales, es todavía más relevante comprender que ésta puede ser impulsada de muy diversas formas y desde diferentes ópticas. En el caso de las administraciones de la Comunidad Valenciana, cuyos esfuerzos para fomentar la digitalización hemos tomado como caso de estudio, lo que encontramos es que la digitalización se está enfocando principalmente desde dos vertientes: la digitalización de la administración y la digitalización del tejido empresarial.

Buena parte de los programas de impulso de la digitalización revisados centran sus esfuerzos en apoyar la digitalización del tejido empresarial, fomentando tanto que las empresas aprovechen las tecnologías digitales en sus procesos internos, como que las empresas lleven la oferta de sus productos y servicios a internet. Asistimos, por tanto, a un importante uso de fondos públicos para impulsar una digitalización de la producción y la oferta. Sin embargo, esta digitalización de la oferta da por hecho que la demanda ya se encuentra digitalizada o, lo que es lo mismo, que los ciudadanos ya se encuentran sumergidos en el ecosistema digital y que tan solo aguardan a que llegan a ellos nuevas ofertas por este medio.

Es indudable es que existen ciertos sectores sociales que están todavía al margen del contexto digital. Las diferentes brechas digitales existentes tienen un importante impacto y no pueden ser ignoradas, ya que hacerlo implica excluir a ciertos sectores sociales, algo especialmente grave si tenemos en cuenta que las brechas digitales afectan a colectivos de por si vulnerables. En consecuencia, si se hace una apuesta decidida por fomentar la digitalización de la oferta, debe también hacerse cierto esfuerzo por asegurarse de que los ciudadanos pueden acceder con facilidad y en condiciones de igualdad a esta oferta digital, para evitar así agrandar ciertas desigualdades. Sin embargo, en los programas reseñados los esfuerzos por fomentar la formación en competencias digitales de los ciudadanos parecen quedar en un papel secundario.

Un fenómeno similar ocurre con la digitalización de la administración pública. La digitalización de las administraciones y el uso de la tecnología para modificar sus procesos internos y los servicios ofertados al ciudadano son uno de los puntos más relevantes en las políticas de digitalización reseñados. Hemos podido observar, por ejemplo, numerosos planes de formación del personal al servicio de la administración municipal o provincial para el uso de nuevas tecnologías, o la digitalización de los procesos relacionados con su entorno laboral. Pero esta digitalización no funciona solo hacia dentro, hacia los procesos internos, sino que también parece que se apuesta decididamente por digitalizar los servicios que se ofrecen al ciudadano. Encontramos aquí un proceso idéntico, aunque quizás de carácter más grave, que el observado al hablar de la digitalización de las empresas.

La administración puede verse enormemente beneficiada por el uso de las nuevas tecnologías, permitiendo éstas tanto agilizar procesos como acercar hacer la administración al ciudadano, ya que la tecnología puede utilizarse para simplificar los procesos burocráticos. Además, una ciudad digitalizada puede ofrecer de forma relativamente sencilla más servicios e información a los ciudadanos, tal y como recogen algunos de los planes analizados. En definitiva, la digitalización puede contribuir a la accesibilidad de los servicios y recursos públicos. Sin embargo, esta mayor accesibilidad solo será tal si se ponen los recursos necesarios para salvar las brechas digitales. La mera puesta a disposición de los ciudadanos de recursos a través de las Tecnologías de la Información y la Comunicación no mejora por si misma la accesibilidad de estos recursos para todo el mundo, al contrario, puede contribuir a alejar estos recursos de colectivos especialmente vulnerables, generando una suerte de «exclusión digital». Es, por tanto, necesario que este tipo de planes de digitalización vengan acompañados de iniciativas destinadas a la inclusión digital, dotando tanto de los medios como de la formación necesaria para acceder a los servicios y recursos digitales.

Las tres administraciones municipales reseñadas cuentan con iniciativas destinadas a la formación de Personas Adultas Mayores en competencias Digitales. No obstante, solo Castellón y Alicante tienen programas de formación específicos integrados dentro de los planes de Digitalización. En los tres municipios es posible acceder a cursos de formación en informática y competencias digitales. Sin embargo, debe tenerse en cuenta que, además de estas acciones de carácter general, son necesarias acciones específicamente orientadas a solventar las problemáticas a las que se enfrentan los colectivos concretos. Además, lo más recomendable es que estas acciones se integren en los planteamientos generales que los gestores políticos hacen en materia de digitalización y acción social. En este sentido, hemos podido observar cómo tanto Castellón como Alicante son ejemplos de buenas prácticas al contemplar iniciativas y programas específicos orientados clara y explícitamente a acabar con las brechas digitales.

Por último, cabe mencionar que hay una dimensión más de la digitalización y de la inclusión digital que debe ser tenida en cuenta, esta es la seguridad en el acceso tanto a los servicios como a cualquier bien o servicio digital. La ciberseguridad aparece en múltiples ocasiones referenciada en los documentos revisados, lo que evidencia una notable concienciación de la necesidad de prevenir victimizaciones en el ciberespacio. No obstante, esta apuesta por la ciberseguridad se orienta fundamentalmente a la protección de las infraestructuras y servicios y no a la protección de los usuarios. Ciertos usuarios son especialmente vulnerables por sus características y una apuesta por la inclusión digital debe completarse con iniciativas destinadas a prevenir la victimización de estos usuarios. Sin embargo, solo ha podido encontrarse iniciativas específicas en este sentido en la Diputación De Alicante. Queda, en consecuencia, un largo camino por avanzar en este ámbito, pero es imprescindible seguir dando pasos en esta dirección, ya que la inclusión digital pasa por garantizar un acceso seguro a la tecnología a toda la población.

2.7. REFERENCIAS

Adnan, M & Özbek, Ç (2023) Digital competences of older women in Turkey: gender and ageing as double danger, Educational Gerontology, 49:12, 1082-1099, DOI: 10.1080/03601277.2023.2209452

Anderson, M., & Perrin, A. (2017). Tech adoption climbs among older adults. Retrieved 15/12/2023 from https://www.pewresearch.org/internet/2017/05/17/tech-adoption-climbs-among-older-adults/

Amankwah-Amoah, J; Khan, Z; Wood, G; Knight, G. (2021). COVID-19 and digitalization: The great acceleration. Journal of Business Research, 136: 602-611, https://doi.org/10.1016/j.jbusres.2021.08.011

Beam, M. A., Hmielowski, J. D., & Hutchens, M. J. (2018). Democratic Digital Inequalities: Threat and Opportunity in Online Citizenship From Motivation and Ability. American Behavioral Scientist, 62(8), 1079-1096. https://doi.org/10.1177/0002764218764253

Beer, D. (2013). Popular Culture and New Media: The Politics of Circulation. Palgrave Macmillan.

Beneito-Montagut, R., Begueria, A., & Cassián, N. (2023). The social connectedness of digital practices in later life: It's not just about learning, it's all about relationships. Sociological Review, 71(3), 581-600. https://doi.org/10.1177/00380261221144154

Castells, M. (2000). The Rise of the Network Society. Blackwell.

Castells, M. (2012). Networks of Outrage and Hope: Social Movements in the Internet Age. Wiley.

Compaine, B. (2001). Digital Divide. The MIT Press.

Constantiou, I. D., & Kallinikos, J. (2015). New games, new rules: big data and the changing context of strategy. Journal of Information Technology, 30(1), 44-57. https://doi.org/10.1057/jit.2014.17

De Marco, S. (2022). El comercio electrónico en España (2019): un ejemplo de tercera brecha digital. Revista Internacional de Sociología, 2(80). https://doi.org/10.3989/ris.2022.80.2.20.98

Featherstone, M. (2009). Ubiquitous Media An Introduction. Theory Culture & Society, 26(2-3), 1-22. https://doi.org/10.1177/0263276409103104

Friemel, T. N. (2016). The digital divide has grown old: Determinants of a digital divide among seniors. New Media & Society, 18(2), 313-331. https://doi.org/10.1177/1461444814538648

Hammerschmid, G., Palaric, E., Rackwitz, M., & Wegrich, K. (2023). A shift in paradigm? Collaborative public administration in the context of national digitalization strategies. Governance, 1-20. https://doi.org/10.1111/gove.12778

Hargittai, E. (2010). Digital Na(t)ives? Variation in Internet Skills and Uses among Members of the «Net Generation» [Article]. Sociological Inquiry, 80(1), 92-113. https://doi.org/10.1111/j.1475-682X.2009.00317.x

Iivari, N; Sharma, S.; Ventä-Olkkonen, L (2020). Digital transformation of everyday life — How COVID-19 pandemic transformed the basic education of the young generation and why information management research should care? International Journal of Information Management, 55. https://doi.org/10.1016/j.ijinfomgt.2020.102183.

Interior, M. d. (2020). Estudio sobre la cibercriminalidad en España. Ministerio del Interior.

Íñiguez-Berrozpe, T., Valero-Errazu, D., & Elboj-Saso, C. (2018). Hacia una Sociedad de la Información inclusiva. Competencia tecnológica y habilidades relacionadas con las Tecnologías de la Información y la Comunicación (TIC) de los adultos maduros. Revista Mediterránea de Comunicación, 9(2). https://doi.org/10.14198/MEDCOM2018.9.2.9

ITU (Ed.). (2021). Measuring digital development Facts and figures. ITU.

Kemp, S & Erades Pérez, N (2023). Consumer Fraud against Older Adults in Digital Society: Examining Victimization and Its Impact. International Journal of Environmental Research and Public Health 20(7): 5404. https://doi.org/10.3390/ijerph20075404

Le, H. T. K., Carrel, A. L., & Shah, H. (2021). Impacts of online shopping on travel demand: a systematic review. Transport Reviews. https://doi.org/10.1080/01441647.2021.1961917

Lupton, D. (2015). Digital Sociology. Routledge.

Mackenzie, A. (2005). The performativity of code – Software and cultures of circulation. Theory Culture & Society, 22(1), 71-+. https://doi.org/10.1177/0263276405048436

Miró-Llinares, F. (2012). El cibercrimen: Fenomenología y criminología de la delincuencia en el ciberespacio. In. Madrid: Marcial pons.

Miró-Llinares, F., & Johnson, S. D. (2018). Cybercrime and place: Applying environmental criminology to crimes in cyberspace. In The Oxford handbooks in criminology and criminal justice (pp. 883-906). Oxford University Press.

Mubarak F & Suomi R.(2022) Elderly Forgotten? Digital Exclusion in the Information Age and the Rising Grey Digital Divide. INQUIRY: The Journal of Health Care Organization, Provision, and Financing, 59. doi: 10.1177/00469580221096272

Papí-Gálvez, N., & La Parra-Casado, D. (2023). Age-Based Digital Divide: Uses of the Internet in People Over 54 Years Old. Media and Communication, 11(3), 77-87. doi:https://doi.org/10.17645/mac.v11i3.6744

Ragnedda, M. (2018). Conceptualizing digital capital [Article]. Telematics and Informatics, 35(8), 2366-2375. https://doi.org/10.1016/j.tele.2018.10.006

Ragnedda, M., Addeo, F., & Laura Ruiu, M. (2022). How offline backgrounds interact with digital capital. New Media & Society, 0(0). https://doi.org/10.1177/14614448221082649

Ragnedda, M., & Muschert, G. (2013). The Digital Divide The internet and social inequality in international perspective. In. London: Routledge.

Robinson L; Cotten, S.; Ono, H.; Quan-Haase, A.;Mesch, G.; Chen, W.; Schulz, J.; M. Hale, T. & Stern, Michael J. (2015) Digital inequalities and why they matter, Information, Communication & Society, 18:5, 569-582, DOI: 10.1080/1369118X.2015.1012532

Sixsmith, A. (2013). Technology and the Challenge of Aging. In A. Sixsmith & G. Gutman (Eds.), Technologies for Active Aging. International Perspectives on Aging. Springer. https://doi.org/10.1007/978-1-4419-8348-0_2

Statistics, B. o. L. (2021). American Time Use Survey — May to December 2019 and 2020 results https://www.bls.gov/news.release/pdf/atus.pdf

Tkáčová, H., Gadušová, Z., Sotirofski, K., & Yusupova, M. (2023). We Must Protect Children but Also Their Grandparents: A Qualitative Understanding of Older Adults' General Perceptions and Understanding of Social

Networks. Journal of Education Culture and Society, 14(2), 297-316. https://doi.org/10.15503/jecs2023.2.297.316

Twenge, J. M., Martin, G. N., & Spitzberg, B. H. (2019). Trends in U.S. Adolescents' Media Use, 1976-2016: The Rise of Digital Media, the Decline of TV, and the (Near) Demise of Print. Psychology of Popular Media Culture, 8(4), 329-345. https://doi.org/10.1037/ppm0000203

van Deursen, A. & Helsper, E. (2015), The Third-Level Digital Divide: Who Benefits Most from Being Online?, Communication and Information Technologies Annual, 10; 29-52. https://doi.org/10.1108/S2050-206020150000010002

van Deursen, A., & van Dijk, J. (2011). Internet skills and the digital divide. New Media & Society, 13(6), 893-911. https://doi.org/10.1177/1461444810386774

van Dijk, J. (2020). The digital divide. In. Cambridge: Polity.

Wong, Y. C.; Law, C. K.; Fung, J. Y. C. et al. (2009). Perpetuating Old Exclusions and Producing New Ones: Digital Exclusion in an Information Society. Journal of Technology in Human Services, 27(1), 57-78. https://doi.org/10.1080/15228830802459l3

Zuboff, S. (2015). Big other: surveillance capitalism and the prospects of an information civilization. Journal of Information Technology, 30(1), 75-89. https://doi.org/10.1057/jit.2015.5

Capítulo 3

La voz de la experiencia: demandas de las Personas Adultas mayores a través de grupos nominales

NACHO DÍAZ CASTAÑO
Universidad Miguel Hernández de Elche

3.1. INTRODUCCIÓN

En la era de la información la transformación digital se ha erigido como un pilar fundamental de nuestra sociedad, imponiendo la necesidad de interactuar con las tecnologías digitales no solo como una comodidad, sino en muchos casos como una necesidad imperativa, especialmente para las personas mayores. Este grupo demográfico, frecuentemente relegado en las conversaciones sobre digitalización, enfrenta desafíos únicos que requieren ser abordados proactivamente, con una combinación de empatía y estrategia, para asegurar su plena inclusión y empoderamiento digital. La alfabetización digital en este contexto trasciende el simple acceso a la tecnología, convirtiéndose en una cuestión de equidad, inclusión y mejora de la calidad de vida (Van Dijk, 2020; Eshet-Alkalai, 2004).

A medida que avanzamos en este siglo, la brecha digital no solo persiste, sino que se profundiza, segregando a aquellos con habilidades y acceso tecnológico de aquellos sin ellas. Para las personas mayores, esta brecha se amplía a un abismo que no solo limita el acceso a servicios esenciales, sino que también disminuye sus oportunidades de participación social (Kiel, 2005). Abordar esta problemática es crucial no solo para empoderar a las personas mayores, sino también para valorar sus vastas experiencias y conocimientos en un mundo cada vez más digitalizado.

El presente capítulo se centra en el municipio alicantino de Orihuela, donde se ha llevado a cabo un estudio utilizando la técnica del grupo nominal (TGN) para identificar las necesidades y preferencias de las personas mayores en relación con programas de intervención en digitalización y ciberseguridad. Este enfoque metodológico mixto, que integra elementos cuantitativos y cualitativos, permite una comprensión rica y matizada de las expectativas y retos específicos que enfrentan las personas mayores en el entorno digital.

La TGN se destaca por su estructura y capacidad para equilibrar la participación de todos los miembros, reduciendo la influencia del investigador y permitiendo que los datos recogidos, aunque cualitativos, sean analizados cuantitativamente con fines descriptivos. Esta metodología nos ha permitido capturar de manera efectiva las voces de las personas mayores, transformándolas en protagonistas activos en la identificación de sus necesidades y en el diseño de programas de intervención que no solo son informativos, sino también empáticos y adaptativos a sus capacidades y limitaciones.

Los hallazgos de este estudio subrayan la importancia de desarrollar programas de intervención que consideren la inteligencia artificial, la seguridad en línea y la capacitación en habilidades digitales básicas, entre otras áreas. Este enfoque centrado en el usuario asegura que las intervenciones sean relevantes, accesibles y efectivas, reconociendo la autonomía de las personas mayores y valorando su contribución a la sociedad digital. Este capítulo establece un marco para el desarrollo de programas de intervención en digitalización y ciberseguridad que son inclusivos y efectivos para las personas mayores. A través de un enfoque holístico y centrado en el usuario, informado por las valiosas aportaciones obtenidas mediante la técnica del grupo nominal, se sientan las bases para futuras investigaciones y la creación de programas que atiendan de manera precisa las necesidades de este importante segmento demográfico.

3.2. MARCO TEÓRICO

La brecha digital, que viene cobrando relevancia desde finales del siglo XX, ha sido ampliamente reconocida y analizada por académicos y legisladores debido a su impacto en la inclusión social y económica. Originalmente centrada en la disparidad de acceso a Internet y las tecnologías de la información, la conceptualización de la brecha digital se ha expandido para abarcar aspectos de alfabetización digital y uso efectivo de la tecnología. Esta evolución refleja un entendimiento profundo de que la inclusión digital implica no solo acceso físico a las tecnologías sino también la adquisición de habilidades necesarias para participar de manera efectiva en la sociedad digital (van Dijk, 2017; Hargittai, 2002).

La alfabetización digital, más allá de la capacidad para operar dispositivos y navegar por la web, incluye una comprensión crítica de los contenidos digitales y la habilidad para crear y comunicarse en línea de manera segura y efectiva. Este conjunto de habilidades se ha vuelto crucial para el empoderamiento individual y la participación activa en la vida comunitaria y económica, subrayando la importancia de superar las barreras digitales no solo en términos de acceso sino también en competencia y uso significativo (Gilster, 1997; Eshet-Alkalai, 2004). La relevancia de la brecha digital trasciende la mera cuestión de conectividad, abordando cómo las diferencias en habilidades digitales y oportunidades de acceso afectan a diversos grupos demográficos, especialmente a las personas mayores. Para estos grupos, la alfabetización digital representa una herramienta fundamental para combatir el aislamiento y mejorar su calidad de vida, destacando la necesidad de políticas y programas educativos que promuevan un enfoque inclusivo y adaptado a sus necesidades (Selwyn, 2004; Xie, 2011). La evolución del concepto de brecha digital enfatiza la necesidad de una comprensión holística que incluya el desarrollo de habilidades digitales críticas y creativas. Esto implica una transición hacia estrategias integrales que abarquen tanto la provisión de acceso tecnológico como la promoción de una educación digital que habilite a los ciudadanos a navegar, evaluar y participar de manera crítica en el entorno digital (Van Deursen & Van Dijk, 2011; 2017; Warschauer, 2004; Jenkins, 2009).

Recientes investigaciones han ampliado aún más esta perspectiva, sugiriendo que la brecha digital debe considerarse también en términos de uso significativo, donde la tecnología se emplea de manera que contribuya directamente al bienestar y al logro de objetivos personales significativos. Este enfoque recalca la importancia de asegurar que las habilidades digitales sean pertinentes y aplicables a los contextos de vida individuales, fomentando un uso de la tecnología que trascienda el acceso para facilitar una verdadera inclusión social y económica (Helsper, 2012; Van Deursen & Helsper, 2015).

La alfabetización digital se ha convertido en una piedra angular para la inclusión y participación efectiva en la sociedad moderna, especialmente relevante en el contexto de las personas mayores. Este grupo demográfico enfrenta desafíos únicos que hacen que la adquisición de habilidades digitales no solo sea una cuestión de acceso a la tecnología, sino también una oportunidad para mejorar significativamente su calidad de vida y su integración social (van Dijk, 2017; Eshet-Alkalai, 2004).

La alfabetización digital para las personas mayores abarca mucho más que la capacidad de usar dispositivos y navegar por Internet. Implica una comprensión crítica de los contenidos digitales y la habilidad para comunicarse de manera segura y efectiva en el entorno en línea. Estas habilidades son fundamentales para acceder a servicios esenciales, mantenerse en contacto con seres queridos, gestionar la salud personal y participar en la vida cívica y comunitaria (Xie, 2011; Bawden, 2008). e incluye desafíos relacionados con la autoeficacia, percepciones de relevancia y preocupaciones sobre la privacidad y seguridad en línea. Por tanto, es crucial que los programas de alfabetización digital diseñados para personas mayores aborden estas preocupaciones de manera específica, promoviendo un aprendizaje que sea tanto relevante como empoderador (Selwyn, 2004; Jenkins, 2009).

La educación en alfabetización digital para personas mayores debe enfocarse en el desarrollo de competencias que les permitan no solo consumir contenido, sino también crearlo y compartirlo, fomentando así una participación activa en la sociedad digital. Esto incluye habilidades para evaluar la fiabilidad de la información en línea, gestionar la privacidad personal o comprender los derechos de autor en el contexto digital (Hobbs, 2011; ALA, 2013).

La alfabetización digital entre las personas mayores no debe verse como un fin en sí mismo, sino como un medio para alcanzar una mayor autonomía, participación social y bienestar. La tecnología ofrece oportunidades significativas para mejorar la vida de las personas mayores, pero solo si se acompañan de las habilidades necesarias para aprovecharlas de manera efectiva y segura. Por tanto, la alfabetización digital se presenta como una herramienta crucial para garantizar que las personas mayores no solo tengan acceso a la tecnología, sino que también puedan participar plenamente en la vida moderna digitalizada.

La adopción de tecnología por parte de las personas mayores es un campo de estudio crucial que se ha beneficiado significativamente de la aplicación de modelos teóricos para comprender las barreras y facilitadores en este proceso. Entre estos modelos, el Modelo de Aceptación de la Tecnología (TAM) de Davis (1989) y sus extensiones (TAM2 y TAM3) han sido fundamentales para analizar cómo las percepciones de utilidad y facilidad de uso influyen en la actitud hacia el uso y la adopción tecnológica efectiva entre las personas mayores. (Rondan-Cataluña et al., 2015; Lai, 2017).

Sin embargo, las personas mayores enfrentan desafíos únicos que van más allá de las consideraciones tradicionales del TAM. Factores como la ansiedad tecnológica, la autoeficacia percibida, el apoyo social y la accesibilidad del diseño de la tecnología son críticos para entender cómo las personas mayores interactúan con la tecnología (Czaja et al., 2006; Venkatesh & Davis, 2000). Además, la Teoría de la Autodeterminación (Deci & Ryan, 1985) ofrece un marco valioso para comprender la motivación intrínseca detrás de la adopción tecnológica, destacando la importancia de satisfacer las necesidades psicológicas básicas de autonomía, competencia y relación.

Las teorías de aprendizaje en adultos, como la andragogía de Knowles (1984), que se centra en el proceso de aprendizaje autodirigido y relevante para la vida de los adultos, proporcionan ideas para el diseño de programas de alfabetización digital orientados a personas mayores. La premisa fundamental es que los adultos traen consigo un rico depósito de experiencias que deben ser consideradas en el proceso de aprendizaje. Además, la teoría de la carga cognitiva de Sweller (1988) enfatiza la importancia de diseñar materiales de aprendizaje que no sobrecarguen la capacidad cognitiva del aprendiz, algo particularmente relevante para las personas mayores que pueden enfrentar desafíos relacionados con la memoria y el procesamiento de información. Integrar estos principios en el diseño de programas formativos puede ayudar a maximizar el aprendizaje y la retención de conocimientos en las personas mayores.

La combinación de estos modelos teóricos y teorías de aprendizaje ofrece un marco robusto para desarrollar estrategias efectivas que fomenten la adopción tecnológica y mejoren la alfabetización digital entre las personas mayores. Entender las motivaciones, barreras y capacidades cognitivas de las personas mayores puede conducir a la creación de intervenciones más efectivas y empáticas que no solo aumenten la adopción de la tecnología, sino que también enriquezcan su experiencia de aprendizaje y su calidad de vida.

La adopción de tecnología por parte de las personas mayores no solo se beneficia del análisis a través de modelos como el Modelo de Aceptación de la Tecnología (TAM) y sus extensiones, sino que también encuentra un marco explicativo valioso en la Teoría de la Autodeterminación (TAD) de Deci y Ryan (1985). Esta teoría, que enfatiza la importancia de satisfacer las necesidades psicológicas básicas de autonomía, competencia y relación para fomentar la motivación, ofrecen ideas sobre cómo mejorar la adopción tecnológica entre las personas mayores. La TAD sugiere que los programas de alfabetización digital para personas mayores serán más efectivos cuando estos promuevan un sentido de control personal, mejoren la percepción de las propias habilidades y fomenten la conexión social a través del uso de tecnología. Además, la integración de la teoría de la carga cognitiva (Sweller, 1988) en el diseño de intervenciones educativas es crucial para adaptar los materiales de aprendizaje a las capacidades de procesamiento de información de las personas mayores. Esta teoría advierte sobre los límites de la memoria de trabajo y sugiere estrategias para minimizar la sobrecarga cognitiva, facilitando así un aprendizaje más efectivo y duradero. Por otro lado, la teoría del aprendizaje experiencial de Kolb (1984) destaca la importancia de la experiencia directa y la reflexión en el proceso de aprendizaje. Para las personas mayores, vincular nuevas tecnologías con sus experiencias de vida y conocimientos previos puede ser una estrategia poderosa para facilitar la comprensión y la adopción de tecnología.

La adopción de un enfoque holístico que combine estas teorías y modelos puede ofrecer un camino efectivo para abordar los desafíos de la alfabetización digital en personas mayores. Al diseñar intervenciones que no solo sean accesibles y fáciles de usar, sino que también promuevan la autonomía, la competencia, la conexión social y la relevancia práctica, se puede mejorar significativamente la adopción tecnológica y, en última instancia, la calidad de vida de las personas mayores.

Además, es esencial reconocer y valorar los conocimientos y experiencias previas de las personas mayores, integrándolos en el proceso de aprendizaje. Los programas de alfabetización digital efectivos para este grupo deben promover el aprendizaje intergeneracional y utilizar metodologías que reflejen sus preferencias de aprendizaje, tales como sesiones prácticas, apoyo entre pares y la utilización de ejemplos relevantes a sus intereses y necesidades diarias (Eshet-Alkalai, 2004; Van Deursen & Van Dijk, 2014).

Más allá de los modelos teóricos, el Diseño Centrado en el Usuario (DCU) y las metodologías participativas destacan por su importancia en el desarrollo de programas y mejora de programas de intervención en diversos campos, desde la salud hasta la educación y la tecnología. Estos enfoques ponen a los usuarios en el centro del proceso de diseño y desarrollo, asegurando que sus necesidades, experiencias y preferencias sean consideradas de manera prioritaria. Al aplicar el DCU, los diseñadores y desarrolladores trabajan estrechamente con los usuarios finales a lo largo de todo el proceso, desde la concepción hasta la implementación, pasando por iteraciones de diseño y pruebas de usabilidad (Norman & Draper, 1986; Kujala, 2003).

Las metodologías participativas facilitan una colaboración activa entre los desarrolladores y los usuarios, permitiendo que estos últimos contribuyan con su conocimiento y experiencias personales. Este enfoque no solo mejora la relevancia y la usabilidad de los programas de intervención, sino que también fomenta la aceptación y el compromiso de los usuarios con la solución final. Técnicas como talleres de co-creación, evaluaciones participativas y pruebas de prototipos son comunes dentro de estas metodologías, promoviendo un diálogo constructivo y la generación de ideas innovadoras (Sanders & Stappers, 2008).

En el contexto de trabajar con grupos específicos, como las personas mayores, las metodologías grupales son particularmente valiosas. La aplicación de metodologías grupales en el diseño de programas de intervención asegura que se consideren las voces de todos los participantes, especialmente en poblaciones que pueden tener dificultades para ser escuchadas, como las personas mayores. Al involucrar a estos usuarios en el proceso de diseño se pueden identificar desafíos únicos y soluciones específicas que reflejen sus necesidades particulares, mejorando así la eficacia y la adopción de los programas diseñados (McMillan, King, & Tully, 2016).

La integración del DCU y las metodologías participativas, complementadas por técnicas grupales como los grupos nominales, en el desarrollo de programas de intervención para personas mayores ofrece múltiples beneficios. Facilita la creación de soluciones más inclusivas, accesibles y efectivas, que no solo abordan las necesidades identificadas, sino que también promueven una mayor satisfacción y participación del usuario en el uso de la tecnología. Este enfoque holístico y colaborativo es esencial para garantizar que los programas de intervención puedan tener un impacto positivo significativo en la calidad de vida de las personas mayores.

3.3. METODOLOGÍA

3.3.1. LA TÉCNICA DEL GRUPO NOMINAL

La TGN es la técnica grupal que se ha utilizado en nuestro estudio sobre las necesidades de las personas mayores sobre digitalización y ciberseguridad. Este enfoque metodológico es particularmente valioso para explorar temas complejos en poblaciones específicas, como puede es el fenómeno de la digitalización en personas mayores personas mayores. La TGN es un método estructurado para la generación de ideas y la toma de decisiones en grupo, que facilita la participación equitativa de todos los miembros y promueve la recogida de una amplia gama de perspectivas. A diferencia de los grupos focales, donde la discusión abierta y la interacción entre participantes son fundamentales, la TGN organiza el proceso en fases claramente definidas que limitan la influencia directa entre los miembros, minimizando así la dominancia de voces más fuertes o efecto líder y asegurando que todas las opiniones sean consideradas, a la vez que reduce el impacto del dinamizador del grupo. (Delbecq, Van de Ven & Gustafson, 1975). Las sesiones se estructuran en 5 fases para cada pregunta.

1. En la fase de Presentación se introducen los objetivos del estudio y la dinámica de la TGN, enfocándose en la claridad y accesibilidad para los participantes.

2. En la fase Individual de Generación de Ideas los participantes reflexionan y responden a preguntas abiertas, fomentando la diversidad de perspectivas.

3. En la fase de Exposición de Ideas, las ideas generadas en la fase anterior se comparten en un entorno de respeto, sin interacción directa, garantizando que todas las contribuciones sean visibles para el grupo.

4. En la fase de Clarificación de Ideas se discute cada idea en detalle, permitiendo la clarificación y adaptación para asegurar la comprensión colectiva.

5. En la fase de Ponderación los participantes valoran las ideas según su importancia.

Esta aproximación permite cuantificar una información que en origen es cuantitativa, por lo que esta aproximación cualitativa-cuantitativa nos hace percibir esta técnica como un método mixto.

3.3.2. MUESTRA, PREGUNTAS DE INVESTIGACIÓN Y SISTEMA DE PONDERACIÓN

El muestreo para los métodos cualitativos, incluida la TGN difiere del muestreo para los métodos cuantitativos. En el primer caso, las muestras son intencionales en lugar de aleatorias; con el objetivo es seleccionar casos que proporcionen datos ricos. Los participantes pueden ser expertos o profesionales en el área de interés, o cualquier grupo de personas que tienen experiencia o están afectadas o involucradas en el tema objeto de estudio. La selección de la muestra para este grupo nominal consistió en 9 participantes de más de 65 años, residentes en Orihuela, Alicante. Esta elección específica fue guiada por la intencionalidad de capturar las experiencias y opiniones particulares de este grupo demográfico, considerando su relevancia fundamental para la comprensión de las necesidades en ciberseguridad y digitalización. La diversidad de este grupo proporcionó una perspectiva rica y contextualizada, enriqueciendo significativamente el análisis de los temas abordados en el estudio por cada uno de los 9 participantes. Esta forma de selección refleja un enfoque cualitativo que privilegia la profundidad y relevancia de las aportaciones de los participantes sobre la generalización (Patton, 2002).

Las preguntas planteadas a los participantes fueron las siguientes:

1. «¿Qué elementos son esenciales en un programa de formación en digitalización y ciberseguridad para personas mayores?»

2. «¿Cómo prefieren recibir información sobre estos programas?»

3. «¿Qué sugerencias tienen para hacer las TIC más accesibles y seguras para las personas mayores?»

En el presente estudio los participantes asignaron 5 puntos para la idea más importante, decreciendo hasta 1 punto para la quinta más importante, por lo que cada participante en el grupo nominal asignó un total de 15 puntos distribuidos como se ha mencionado entre distintas ideas o propuestas. El total de puntos a distribuir entre todas las ideas es por lo tanto de 135 pintos (9 participantes que otorgan 15 puntos cada uno). El valor máximo que una idea podría obtener es de 45 puntos (9 participantes que otorgasen su puntuación máxima de 5 puntos cada uno a la misma idea). Esta cantidad de puntos es el 33,33% del total de puntos disponibles, que indica la puntuación teórica máxima que podía alcanzar una idea. Los resultados serán expresados mediante los porcentajes del total de puntos disponibles obtenidos por cada idea en lugar de expresarlos valores absolutos de las puntuaciones agregadas Esta medida proporciona una medida más relativa y significativa de la contribución de cada idea, permitiendo una comparación más precisa entre ellas. Adicionalmente, se considerará el consenso entre los participantes, midiendo el porcentaje de participantes que eligió cada idea. Esta métrica es esencial para comprender la aceptación general de las ideas, ya que algunas pueden tener puntuaciones individuales bajas, pero ser elegidas por la mayoría de los participantes, mientras que otras con puntuaciones individuales altas podrían ser seleccionadas por un número reducido de participantes. Evaluar el consenso en términos de porcentajes enriquecerá la interpretación de los resultados obtenidos del grupo nominal. Esta estrategia permite identificar las prioridades del grupo de manera clara y consensuada a la vez que permite identificar prioridades individuales.

3.4. RESULTADOS

3.4.1. «¿QUÉ DEBERÍA INCLUIR UN PROGRAMA DE FORMACIÓN EN DIGITALIZACIÓN Y CIBERSEGURIDAD DIRIGIDO A PERSONAS MAYORES?»

La discusión en torno a los desafíos de la digitalización y la ciberseguridad para las personas mayores en la Comunidad Valenciana arrojó un abanico de 12 ideas fundamentales, cada una destacando diferentes aspectos esenciales de la alfabetización digital y la protección en línea. La evaluación y el respaldo de estas ideas por parte de los participantes no solo se reflejaron en la cantidad de puntos asignados, sino también en el nivel de consenso alcanzado, lo cual es indicativo de la importancia y la urgencia percibida para cada tema propuesto.

Tabla 1. Ideas identificadas (Pregunta 1).

¿qué debería incluir un programa de formación en digitalización y ciberseguridad dirigido a personas mayores?	
1. Inteligencia Artificial	7. Alfabetización digital
2. Controlar programas	8. Programas en centros de mayores
3. Prevención de ciberdelitos	9. Seguridad y privacidad
4. Limpieza de virus	10. Banca on-line
5. Docentes adecuados	11. Trámites oficiales
6. Restablecer contraseñas	12. Guías paso a paso

La «7) Alfabetización digital básica con lenguaje sencillo» emergió como la propuesta más sobresaliente, no solo por recibir el 15,6% de los puntos posibles, sino también por alcanzar un consenso del 67%. Este fuerte acuerdo entre los participantes subraya un reconocimiento unánime de la necesidad prioritaria de enfocarse en la construcción de una base sólida en habilidades digitales para las personas mayores, presentada de manera accesible y comprensible. Por otro lado, las ideas «2) Enseñar a controlar de forma segura programas en dispositivos» y «8) Programas en centros de mayores en iniciación digital» captaron un notable 12,6% de los puntos cada una, acompañadas de un consenso del 44%. Este nivel de acuerdo y la proporción de votos recibidos reflejan un interés compartido en promover la autonomía digital y el aprendizaje en entornos comunitarios, señalando estos aspectos como prioritarios para la capacitación en tecnología.

La propuesta «11) Trámites en Páginas oficiales (firma digital, otros)» con un 11,1% de los votos y un consenso del 44%, destaca la importancia de familiarizar a las personas mayores con los procedimientos en línea, especialmente aquellos que involucran interacciones con entidades gubernamentales y otros servicios oficiales. La combinación de una significativa proporción de votos y un nivel de consenso sólido ilustra el reconocimiento de esta competencia como esencial en el currículo de formación digital.

Temas como «3) Prevención de ciberdelitos», «4) Limpieza de virus», «12) Facilitar guías de pasos a seguir», y «9) Seguridad y privacidad» recibieron puntuaciones moderadas, situándose entre el 7,4% y el 8,1% de los puntos, con consensos que variaron entre el 44% y el 56%. Estos resultados indican que, aunque se valora su relevancia, estos temas podrían considerarse de interés secundario o integrarse dentro de módulos más amplios que aborden las bases de la seguridad en línea y la alfabetización digital.

Finalmente, las ideas «6) Restablecer y recordar contraseñas», «5) Docentes con capacidad de transmitir la información sobre Informática a PAM» y «10) Banca on-line» recibieron una menor proporción de votos (entre el 3,0% y el 4,4%) y alcanzaron niveles de consenso más bajos. Esto sugiere que, a pesar de ser reconocidas como áreas importantes, no se les considera tan críticas como las demás o se entiende que podrían ser abordadas eficazmente dentro de otros contenidos de formación más amplios.

La interacción entre la proporción de votos y el nivel de consenso revela una perspectiva matizada sobre las prioridades de formación en digitalización y ciberseguridad para personas mayores. Claramente, hay un énfasis en establecer una base sólida de habilidades digitales básicas, seguido por un interés en asegurar que las personas mayores puedan manejar de forma segura y autónoma tanto los dispositivos como los servicios en línea, subrayando la necesidad de un enfoque integral y accesible en el diseño de programas educativos en este campo.

Ilustración 1. Porcentaje de puntos por idea (Pregunta 1I).

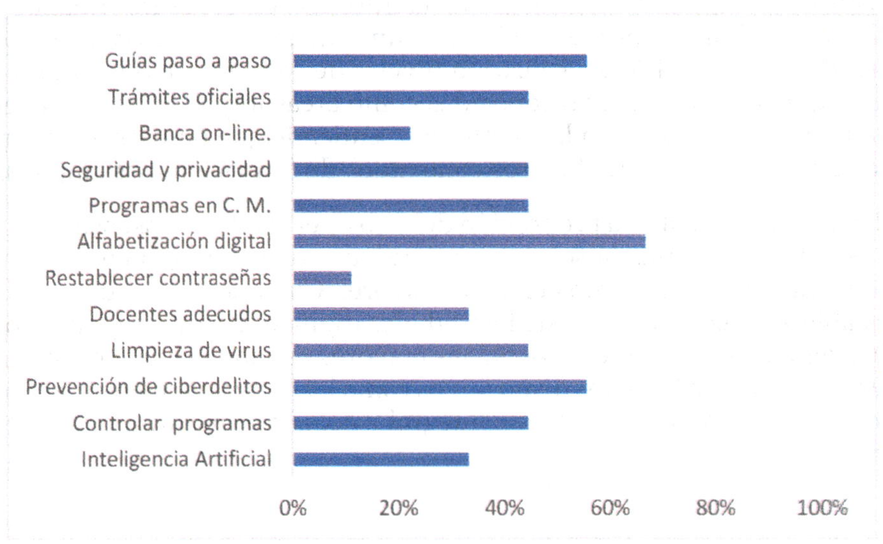

Ilustración 2. Porcentaje de consenso por ideas (Pregunta 1).

3.4.2. ¿POR QUÉ MEDIO CREE QUE LE PUEDE LLEGAR INFORMACIÓN DEL MISMO?

La exploración de los medios preferidos por los cuales los participantes creen que la información les puede llegar revela un espectro amplio de preferencias, basado en siete ideas distintas que emergieron durante la discusión. Este análisis detallado no solo considera la proporción de votos que cada medio recibió, sino también el nivel de consenso alcanzado, ofreciendo una perspectiva comprensiva de las inclinaciones comunicativas de los participantes. En concreto, los participantes identificaron un total de 7 ideas o medios de comunicación, quedando configuradas como se presenta en la tabla 2.

Tabla 2. Ideas identificadas (Pregunta 2).

¿Por qué medio cree que le puede llegar información del mismo?
1. Cartas
2. *E-mail*
3. Prensa
4. Lugares públicos
5. Publicidad en medios tradicionales
6. Fundación Pilares
7. Redes sociales

La opción «1) Cartas» se destacó como el medio preferente, acaparando el 28,9% de los puntos y logrando un consenso perfecto del 100%. Este resultado subraya una predilección por métodos de comunicación más tradicionales y personales, donde la tangibilidad y la formalidad de las cartas son altamente valoradas. El consenso pleno indica una fuerte convicción compartida en su eficacia y accesibilidad como canal de comunicación.

En contraste, el «2) *E-mail*» ocupó el segundo lugar, con un 20,7% de los puntos y un consenso del 78%. Este dato señala una significativa preferencia por la comunicación digital, aunque con un nivel de apoyo ligeramente menor en comparación con el medio tradicional de las cartas. La diferencia en los porcentajes de votos y consenso entre cartas y correo electrónico podría reflejar variaciones en la familiaridad o comodidad con las tecnologías digitales entre los participantes.

La «4) Lugares públicos», que incluye estrategias como la colocación de carteles en ambulatorios y ayuntamientos, recibió el 13,3% de los puntos y un consenso del 78%. Este resultado enfatiza la importancia asignada a los espacios comunitarios accesibles como lugares efectivos para la difusión de información, valorando su visibilidad y accesibilidad pública.

Las «7) Redes sociales» lograron el 11,9% de los puntos y un notable consenso del 100%, lo cual, a pesar de no ser la opción más votada, resalta una convicción en su efectividad comunicativa. Este alto grado de consenso puede atribuirse a su capacidad de amplio alcance y personalización en la comunicación.

Las opciones «3) Prensa» y «5) Publicidad en medios tradicionales» se posicionaron con una moderada recepción, obteniendo entre el 9,6% y el 10,4% de los puntos y consensos que varían entre el 56% y el 67%. Estos resultados indican un interés y apoyo contenidos, sugiriendo que, aunque estos medios son valorados, no se les considera como los más efectivos o preferidos por la totalidad de los participantes.

Finalmente, la «6) Fundación Pilares» se situó en el extremo inferior, con apenas el 5,2% de los puntos y el consenso más bajo, del 22%. Este resultado refleja una perspectiva interesante: aunque algunos participantes puedan considerar relevantes los medios que les son conocidos y habituales, estos no necesariamente resuenan o son conocidos por el conjunto más amplio de personas mayores. La baja puntuación y consenso indican que, aunque puede tener un valor para ciertos individuos, no se destaca como un medio de comunicación relevante para las necesidades del colectivo en general.

Este análisis demuestra la importancia de adoptar estrategias de comunicación múltiples y adaptativas que consideren la diversidad de preferencias y accesibilidades dentro de la población objetivo, asegurando así que la información pueda llegar de manera efectiva a través de canales que resuenen con las preferencias y realidades de todos los participantes.

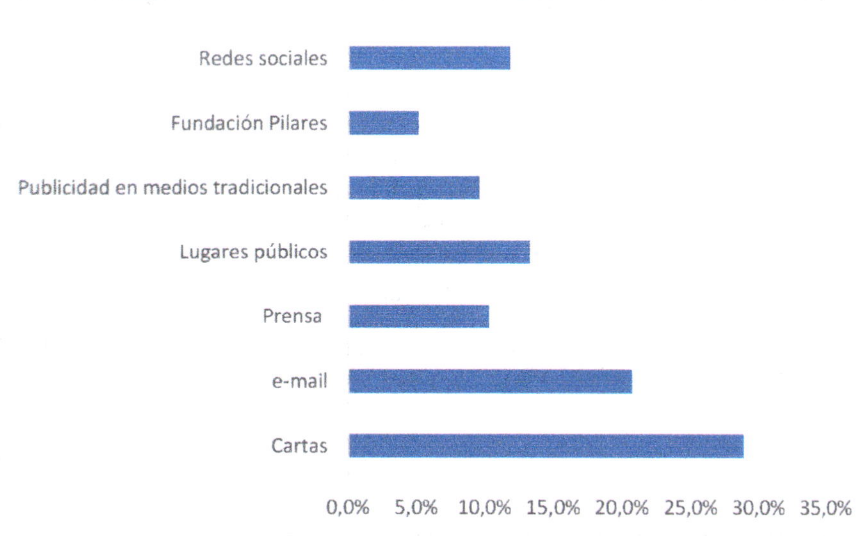

Ilustración 3. Porcentajes de puntos por idea (Pregunta 2).

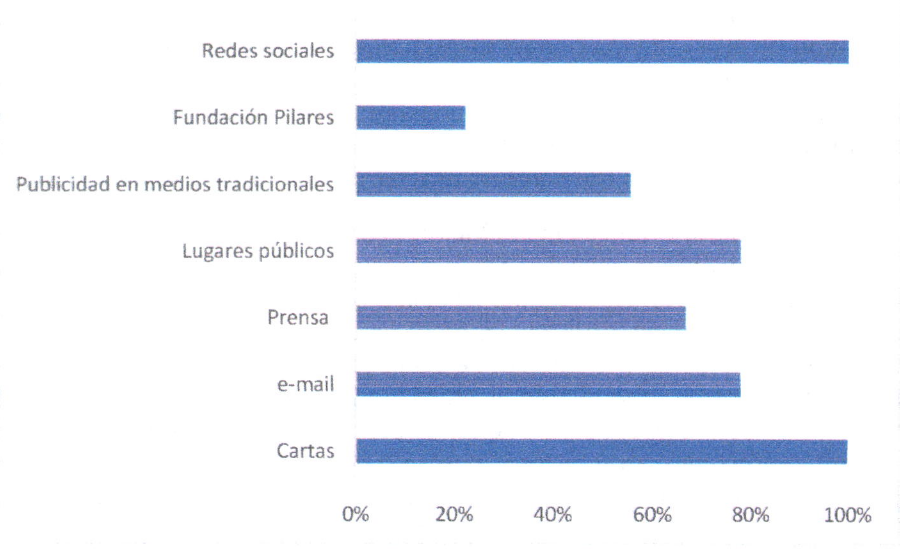

Ilustración 4. Porcentaje de consenso por ideas (Pregunta 1 – grupo II).

3.4.3. ¿QUÉ PROPUESTAS SUGIEREN PARA HACER QUE LAS TIC SEAN MÁS ACCESIBLES Y SEGURAS PARA LAS PERSONAS MAYORES?

En la tercera pregunta, que busca propuestas para incrementar la accesibilidad y seguridad de las Tecnologías de la Información y la Comunicación (TIC) para las personas mayores, se identificaron ocho ideas clave. Este análisis revela tanto el nivel de apoyo que cada propuesta recibió como el consenso entre los participantes sobre su relevancia.

Tabla 3. Ideas identificadas (Pregunta 3).

¿Qué políticas autonómicas implementadas en los últimos 8 años consideras que han tenido un impacto más positivo en la Comunidad Valenciana?	
1. Regulación y control	5. Acceso a ordenadores
2. Mejorar autentificación	6. Replicar app salud GVA
3. Reconocimiento biométrico	7. Alertas sobre ciberdelitos
4. Alternativas a la contraseña	8. Buzón de dudas

La propuesta «1) Regulación y control» emergió como la más respaldada, capturando un 30,4% de los puntos disponibles. Este nivel de apoyo, cercano al máximo teórico de 33,33%, resalta una fuerte inclinación hacia una gestión y supervisión más estricta de los entornos digitales, subrayando la necesidad percibida de proteger y facilitar el uso de las TIC para las personas mayores. El consenso alcanzado del 100% indica un acuerdo unánime en su importancia.

Siguiendo en importancia, la «2) Mejorar autentificación» obtuvo el 14,8% de los puntos, con un consenso del 78%. Este resultado subraya la preocupación de los participantes por la seguridad en el acceso a sistemas digitales, evidenciando un claro interés en fortalecer las medidas de autenticación para proteger la información personal y financiera de los usuarios mayores. La «3) Reconocimiento biométrico», que recibió el 11,9% de los puntos y un consenso del 56%, se alinea con la propuesta anterior al destacar la búsqueda de métodos de identificación que sean seguros y al mismo tiempo simplifiquen el proceso de autenticación, eliminando la necesidad de recordar múltiples contraseñas.

La propuesta «6) Replicar app salud GVA» resaltó con un 12,6% de los votos y un consenso del 78%, señalando el éxito de esta aplicación como un modelo potencial para el desarrollo de otras plataformas digitales destinadas a facilitar trámites administrativos o la interacción con entidades gubernamentales, especialmente diseñadas para ser accesibles por las personas mayores.

Las propuestas «4) Alternativas a la contraseña» y «5) Acceso a ordenadores» recibieron una atención moderada, con el 7,4% de los puntos cada una, pero con consensos relativamente bajos del 33% y 44%, respectivamente. Estos resultados sugieren un interés en explorar nuevas formas de acceso seguro y en mejorar la disponibilidad de la tecnología, aunque con un nivel de acuerdo más limitado sobre su efectividad o prioridad.

Finalmente, las ideas «7) Alertas sobre ciberdelitos» y «8) Buzón de dudas» obtuvieron un 8,1% y 7,4% de los puntos, respectivamente, ambos con un consenso del 56%. Estas propuestas reflejan la necesidad de establecer mecanismos que informen y eduquen a las personas mayores sobre posibles riesgos en línea y proporcionen canales fiables para resolver dudas o inquietudes relativas a la seguridad digital.

Este análisis destaca la diversidad de enfoques sugeridos para mejorar la accesibilidad y seguridad de las TIC para las personas mayores, desde la implementación de políticas de regulación hasta el desarrollo de tecnologías adaptadas a sus necesidades específicas. El nivel de consenso alcanzado en varias propuestas subraya la importancia de considerar una variedad de estrategias para abordar estos desafíos de manera efectiva.

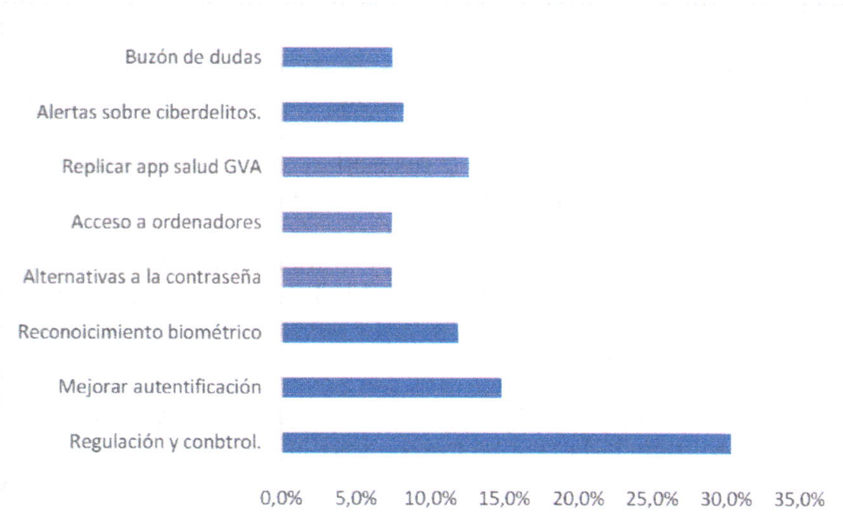

Ilustración 5. Porcentaje de puntuaciones por idea (Pregunta 3).

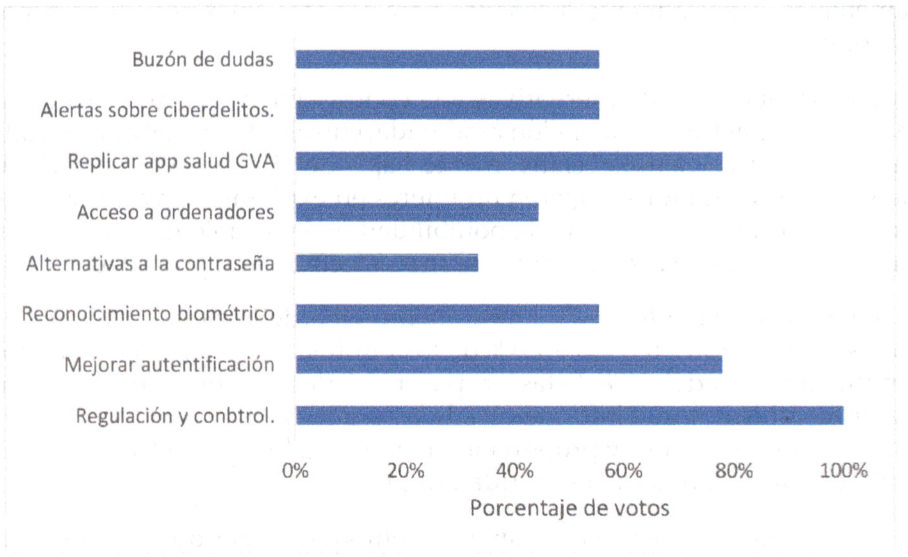

Ilustración 2. Porcentaje de consenso por ideas (Pregunta 3).

3.5. DISCUSIÓN Y CONCLUSIONES

La brecha digital, cada vez más pronunciada desde finales del siglo XX, ha emergido como un desafío clave en la inclusión social y económica, especialmente para las personas mayores. Esta brecha, inicialmente definida por la disparidad en el acceso a las tecnologías de la información y Internet, ha evolucionado para incluir también la alfabetización digital y el uso efectivo de la tecnología. Es evidente que la inclusión digital va más allá del mero acceso físico, englobando la necesidad de desarrollar habilidades que permitan una participación activa y efectiva en la sociedad digital. En este contexto, la alfabetización digital se convierte en una herramienta esencial para el empoderamiento individual, permitiendo a las personas mayores superar el aislamiento y mejorar su calidad de vida mediante el acceso a servicios esenciales, la gestión de la salud personal, y la participación en la vida cívica y comunitaria.

La adopción de tecnología por parte de las personas mayores es compleja y se ve influenciada por factores como la ansiedad tecnológica, la autoeficacia percibida, el apoyo social, y la accesibilidad del diseño. Modelos teóricos como el Modelo de Aceptación de la Tecnología (TAM) y la Teoría de la Autodeterminación (TAD) ofrecen perspectivas valiosas sobre cómo las percepciones de utilidad y facilidad de uso, así como la satisfacción de necesidades psicológicas básicas de autonomía, competencia y relación, pueden influir en la actitud hacia el uso y la adopción tecnológica entre las personas mayores. Además, las teorías de aprendizaje en adultos subrayan la importancia de un enfoque de enseñanza que sea relevante para las experiencias de vida de los adultos mayores, promoviendo un aprendizaje autodirigido y significativo.

El Diseño Centrado en el Usuario (DCU) y las metodologías participativas se destacan como enfoques esenciales en el desarrollo de programas educativos y tecnológicos dirigidos a las personas mayores. Estos enfoques aseguran que las necesidades, experiencias y preferencias de los usuarios finales sean consideradas de manera prioritaria, trabajando estrechamente con ellos a lo largo de todo el proceso de diseño y desarrollo. La técnica del grupo nominal, en particular, permite recoger de forma estructurada y democrática las opiniones y necesidades de los usuarios, facilitando la identificación de prioridades y soluciones adaptadas a sus requerimientos específicos. Al aplicar esta técnica en el contexto de la digitalización y ciberseguridad para personas mayores, se obtuvo una comprensión profunda de sus necesidades específicas.

La investigación reveló que la alfabetización digital básica es vista como una prioridad, resaltando la necesidad de programas de formación que sean accesibles y comprensibles. Además, se identificó una preferencia por métodos de comunicación tradicionales, como las cartas, aunque también se reconoció la importancia de adaptar las estrategias comunicativas a las preferencias variadas de este grupo. En términos de accesibilidad y seguridad de las TIC, se destacó la importancia de regulaciones y controles más estrictos, así como de mejoras en la autentificación y el uso de tecnologías como el reconocimiento biométrico.

Estos hallazgos subrayan la importancia de diseñar intervenciones educativas y tecnológicas que no solo sean accesibles y fáciles de usar, sino que también promuevan la autonomía, la competencia, y la conexión social. La adopción de un enfoque holístico que integre modelos teóricos y teorías de aprendizaje con el DCU y metodologías participativas, como la técnica del grupo nominal, puede ofrecer un camino efectivo para abordar los desafíos de la alfabetización digital en personas mayores. Al hacerlo, es posible mejorar significativamente su calidad de vida y su participación en la sociedad digital, asegurando que las tecnologías y programas desarrollados sean verdaderamente inclusivos y empoderadores.

A pesar de las ideas obtenidas a través de esta investigación, es crucial reconocer ciertas limitaciones que sugieren direcciones futuras para estudios complementarios. Una limitación significativa radica en la metodología utilizada; aunque la técnica del grupo nominal ha permitido recoger de manera estructurada y democrática las opiniones y necesidades de los participantes, la realización de más grupos nominales podría enriquecer y profundizar los hallazgos actuales. Además, replicar este estudio en diversos entornos geográficos permitiría comparar los resultados y entender mejor las variaciones en las necesidades y preferencias de las personas mayores en diferentes contextos.

Otro aspecto a considerar es la representatividad de la muestra. Los participantes de este estudio provienen del programa «aulas de la experiencia», lo que podría introducir un sesgo en los resultados. Este programa atrae a personas mayores potencialmente más digitalizadas y con un interés previo en aprender, además de poseer capacidades cognitivas y físicas que podrían no representar la diversidad completa de la población mayor. Este sesgo sugiere la necesidad de cautela al generalizar los hallazgos a todas las personas mayores, destacando la importancia de incluir en investigaciones futuras a individuos con una gama más amplia de experiencias y habilidades digitales, así como de capacidades cognitivas y físicas.

Estas limitaciones, lejos de restar valor a la investigación, abren oportunidades para exploraciones futuras que puedan abordar estas cuestiones y enriquecer la comprensión de cómo las personas mayores interactúan con la tecnología. La inclusión de una muestra más diversa y la realización de estudios en diferentes entornos geográficos no solo validarían los hallazgos actuales, sino que también podrían revelar nuevas perspectivas sobre la alfabetización digital y las necesidades de ciberseguridad entre las personas mayores en distintos entornos (Agarwal, Animesh, & Prasad, 2009). SI bien un enfoque más representativo es esencial para desarrollar programas de intervención y políticas públicas que fomenten una inclusión digital genuina y efectiva para todas las personas mayores, asegurando que nadie quede atrás en la era digital, los resultados obtenidos nos permitirían realizar intervenciones dirigidas a personas mayores adultas con un perfil similar, y nos sirve para alertar sobre la heterogeneidad del grupo demográfico de personas mayores y la necesidad de adaptar las intervenciones a colectivos más específicos.

3.6. REFERENCIAS

Agarwal, R., Animesh, A., & Prasad, K. (2009). Research note-Social interactions and the «digital divide»: Explaining variations in internet use. *Information Systems Research*, *20*(2), 277-294.

American Library Association (ALA). (2013). Digital literacy, libraries, and public policy. Report of the Office for Information Technology Policy's Digital Literacy Task Force.

Bawden, D. (2008). Origins and concepts of digital literacy. En C. Lankshear & M. Knobel (Eds.), Digital literacies: Concepts, policies and practices (pp. 17-32). Peter Lang Publishing.

Czaja, S. J., Charness, N., Fisk, A. D., Hertzog, C., Nair, S. N., Rogers, W. A., & Sharit, J. (2006). Factors predicting the use of technology: Findings from the Center for Research and Education on Aging and Technology Enhancement (CREATE). Psychology and Aging, 21(2), 333-352.

Davis, F. D. (1989). Perceived usefulness, perceived ease of use, and user acceptance of information technology. MIS Quarterly, 13(3), 319-340.

Deci, E. L., & Ryan, R. M. (1985). Intrinsic motivation and self-determination in human behavior. Plenum.

Delbecq, A. L., Van de Ven, A. H., & Gustafson, D. H. (1975). Group techniques for program planning: A guide to nominal group and Delphi processes. Scott, Foresman & Co.

Eshet-Alkalai, Y. (2004). Digital literacy: A conceptual framework for survival skills in the digital era. Journal of Educational Multimedia and Hypermedia, 13(1), 93-106.

Gilster, P. (1997). Digital literacy. Wiley Computer Pub.

Hargittai, E. (2002). Second-level digital divide: Differences in people's online skills. First Monday, 7(4).

Helsper, E. J., & Van Deursen, A. J. A. M. (2015). The third-level digital divide: Who benefits most from being online? In L. Robinson et al. (Eds.), Communication and Information Technologies Annual (Studies in Media and Communications, Volume 10) (pp. 29-52). Emerald Group Publishing Limited.

Hobbs, R. (2011). Digital and media literacy: Connecting culture and classroom. Corwin Press.

Jenkins, H. (2009). Confronting the challenges of participatory culture: Media education for the 21st century. MIT Press.

Knowles, M. S. (1980). The modern practice of adult education: From pedagogy to andragogy. Cambridge Adult Education.

Kolb, D. A. (1984). Experiential learning: Experience as the source of learning and development. Prentice-Hall.

Kujala, S. (2003). User involvement: A review of the benefits and challenges. Behaviour & Information Technology, 22(1), 1-16.

Lai, P. C. (2017). The literature review of technology adoption models and theories for the novelty technology. *JISTEM-Journal of Information Systems and Technology Management, 14,* 21-38.

McMillan, S. S., King, M., & Tully, M. P. (2016). How to use the nominal group and Delphi techniques. International Journal of Clinical Pharmacy, 38(3), 655-662.

Norman, D. A., & Draper, S. W. (Eds.). (1986). User centered system design: New perspectives on human-computer interaction. Lawrence Erlbaum Associates, Inc.

Patton, M. Q. (2002). Qualitative research & evaluation methods (3rd ed.). Sage Publications.

Rondan-Cataluña, F. J., Arenas-Gaitán, J., & Ramírez-Correa, P. E. (2015). A comparison of the different versions of popular technology acceptance models: A non-linear perspective. *Kybernetes, 44*(5), 788-805.

Sanders, E. B. N., & Stappers, P. J. (2008). Co-creation and the new landscapes of design. CoDesign, 4(1), 5-18.

Scheerder, A., Van Deursen, A., & Van Dijk, J. (2017). Determinants of Internet skills, uses and outcomes. A systematic review of the second-and third-level digital divide. *Telematics and informatics, 34*(8), 1607-1624.

Selwyn, N. (2004). Reconsidering political and popular understandings of the digital divide. New Media & Society, 6(3), 341-362.

Sweller, J. (1988). Cognitive load during problem solving: Effects on learning. Cognitive Science, 12(2), 257-285.

Van de Ven, A. H., & Delbecq, A. L. (1972). The nominal group as a research instrument for exploratory health studies. American Journal of Public Health, 62(3), 337-342.

Van Deursen, A., & Van Dijk, J. (2011). Internet skills and the digital divide. *New media & society, 13*(6), 893-911.

Van Deursen, A. J. A. M., & Van Dijk, J. A.G.M. (2014). The digital divide shifts to differences in usage. New Media & Society, 16(3), 507-526.

van Dijk, J. A. G. M. (2017). Digital divide: Impact of access. In L. A. Lievrouw & S. M. Livingstone (Eds.), The handbook of new media (Updated Student ed., pp. 257-275). Sage Publications.

Venkatesh, V., & Davis, F. D. (2000). A theoretical extension of the Technology Acceptance Model: Four longitudinal field studies. Management Science, 46(2), 186-204.

Warschauer, M. (2004). Technology and social inclusion: Rethinking the digital divide. MIT Press.

Xie, B. (2011). Older adults, e-health literacy, and collaborative learning: An experimental study. Journal of the American Society for Information Science and Technology, 62(5), 933-946.

Capítulo 4

Cibervictimización e inseguridad en red de los Adultos Mayores

NIEVES ERADES
Universidad Miguel Hernández de Elche

STEVEN KEMP
Universidad de Girona

En la sociedad actual se encuentran presentes dos hitos que presentan tanto un avance como un desafío. Por un lado, el envejecimiento poblacional, una de las tendencias demográficas más significativas del siglo XXI. Por otro lado, una alta digitalización, que emerge como un fenómeno paralelo de creciente importancia, especialmente tras la pandemia de COVID-19. Esta dualidad presenta oportunidades únicas para el desarrollo, pero también desafíos, como la inclusión digital de personas adultas mayores, cuya participación activa en la sociedad digital se ha vuelto imprescindible para asegurar su bienestar y autonomía.

4.1. INTRODUCCIÓN

Según el Banco de Desarrollo del Consejo de Europa, el envejecimiento de la población será una de las tendencias demográficas más claras del siglo XXI (Council of Europe Development Bank, 2014). Por ejemplo, el aumento de la esperanza de vida y las bajas tasas de fertilidad pronostican que la proporción de la población de la Unión Europea de sesenta y cinco años o más aumente del 20% en 2019 al 30% en 2070, y se espera que los mayores de ochenta años se dupliquen (European Commission, 2021). Además de los cambios demográficos relacionados con las personas mayores, también estamos viendo rápidos cambios en su uso de la tecnología. En España, los resultados de la Encuesta sobre Equipamiento y Uso de Tecnologías de Información y Comunicación en los Hogares encuentran que, entre 2014 y 2023, el número de ciudadanos de 65 a 74 años que declararon haber utilizado Internet en los 3 meses anteriores aumentó del 26% al 80% (Instituto Nacional de Estadística, s.f.). De forma similar, se observó un incremento en la proporción de individuos que realizaron compras en línea, pasando del 4% al 24% en el mismo período analizado. Asimismo, se registraron incrementos notables en la participación en estas actividades digitales entre los mayores de 75 años, indicando una tendencia creciente hacia la adopción de tecnologías de comercio electrónico en este segmento etario.

En este contexto actual, en el que confluyen una mayor digitalización en múltiples áreas y un mayor envejecimiento poblacional, es necesario garantizar la inclusión digital a personas adultas mayores (PAM), lo que implica asegurar que cada individuo posea la oportunidad y las herramientas para utilizar las tecnologías de la información y la comunicación (TIC).Tras la pandemia causada por la COVID-19, esta incorporación ha adquirido una importancia aún mayor, especialmente para las personas mayores, que podrían encontrarse en situaciones de exclusión social como resultado de un menor acceso a las TIC. Sabemos que la inclusión digital presenta una multitud de ventajas para la población adulta mayor, incluida una mayor disponibilidad de servicios de salud, la mejora de las relaciones sociales, una mejor salud física y emocional (Caoutte et al., 2007) e incluso el aumento de la calidad de vida y el bienestar subjetivo, al reducir la depresión y la soledad (Chopik, 2016; Czaja, 2017). Sin embargo, pese a que este grupo poblacional acceda a las herramientas, no debemos olvidar que, en ausencia de los conocimientos digitales esenciales, las personas adultas mayores pueden encontrarse en situaciones vulnerables respecto a la cibervictimización. Existen ciertas características presentes en este grupo, como un dominio inadecuado de las tecnologías actuales y una menor percepción del riesgo en el ámbito digital que reduce la capacidad de una persona para protegerse y, por tanto, aumenta su probabilidad de convertirse en víctima de ciberdelito (Ahmad y Thurasamy, 2022).

Es importante señalar que cuando hablamos de cibervictimización de adultos mayores nos referimos principalmente a la victimización por ciberfraude. Los datos de hechos conocidos publicados por el Ministerio del Interior muestran que en 2022 el fraude informático representó más del 95% de las victimizaciones en el ámbito de cibercriminalidad denunciadas contra ciudadanos de 65 y más años (Ministerio del Interior, 2023). Esta preponderancia de los fraudes informáticos contra las personas mayores es especialmente preocupante si tenemos en cuenta que entre todos los grupos de edad ha habido un incremento de hechos conocidos de casi 150% en los últimos cinco años. Además, varias fuentes internacionales ya han identificado a las personas mayores como particularmente vulnerables a delitos en línea como el fraude (Mears et al., 2016; Reisig y Holtfreter, 2013), por lo que es necesario mejorar la comprensión del problema y las medidas de prevención pertinentes.

La importancia de abordar la cibervictimización en el marco de la inclusión digital de las PAM se ha convertido en un aspecto todavía más relevante en la era posterior a la COVID-19, y resulta urgente adoptar estrategias educativas y de seguridad digital que se adapten específicamente a este grupo demográfico. La implementación de programas de alfabetización digital que tengan en cuenta las características únicas de este grupo poblacional, incluido el desarrollo de habilidades en materia de seguridad y privacidad en línea, es crucial para mitigar estos riesgos y promover una inclusión digital efectiva y segura.

A lo largo de este capítulo, se examinarán varios aspectos a tener en cuenta para la consecución de este objetivo. Este análisis contribuye a la base para desarrollar un marco integral de acción, centrado en la promoción de una inclusión digital accesible para las PAM, y que las proteja de los riesgos inherentes al ciberespacio. La finalidad última de intervenciones destinadas a los adultos mayores es empoderarlos para navegar el entorno digital con seguridad, lo cual es esencial para su bienestar en una sociedad cada vez más digitalizada.

4.2. CIBERVICTIMIZACIÓN EN PERSONAS ADULTAS MAYORES

Antes de proceder al análisis específico de personas adultas mayores, conviene repasar el concepto general de la cibervictimización, que implica ser objeto de actos delictivos que utilicen las TIC en el seno de la comisión, y abarca un amplio espectro de conductas que van desde el fraude financiero hasta el acoso en línea (Miró Llinares, 2012). Posterior al resumen general del cibercrimen, esta sección está dedicada a examinar las manifestaciones más frecuentes de ciberdelincuencia a las que se enfrentan las PAM, profundizar en los factores de riesgo particulares que hacen que sean susceptibles a estos peligros, y analizar el impacto multifacético de estas experiencias en su bienestar general.

4.2.1. EL CIBERCRIMEN Y SUS FORMAS

En relación con la definición del concepto de cibercrimen, este puede abarcar todas las actividades delictivas realizadas mediante o contra las TIC o solo algunas, dependiendo de si se adopta una concepción amplia o restringida del rol de la tecnología. Si adoptamos la interpretación amplia de la ciberdelincuencia, que es la utilizaremos a lo largo de este capítulo, podemos abarcar cualquier conducta ilícita en la que las TIC tienen un papel importante en la comisión, incluyendo tanto las acciones cuya naturaleza ilegal está directamente relacionada con los intereses o activos fundamentales presentes en el dominio digital, como las conductas tradicionalmente ilegales que se ven facilitadas por las tecnologías de la información y la comunicación (Miró Llinares, 2012; Yar y Steinmetz, 2019). Por el contrario, el concepto restringido de la ciberdelincuencia, sólo se refiere a una conducta delictiva llevada a cabo exclusivamente dentro de los límites del ciberespacio, sin que el delito pueda ocurrir fuera del contexto digital.

En cuanto a su clasificación, el profesor Fernando Miró Llinares, en 2012, propuso una clasificación de ciberataques que incluye ciberataques puros, ciberataques réplica y ciberataques de contenidos (Miró Llinares, 2012). Los ciberataques puros se refieren a aquellos que únicamente pueden tener lugar haciendo uso de las TIC, como el hacking, la denegación de servicios y la infección por malware. Los ciberataques réplica son aquellos delitos que, aunque preexistentes en el mundo físico, han encontrado en el uso de las herramientas digitales un nuevo medio para su comisión, incluyendo delitos como el ciberfraude, el ciberacoso sexual y el cyberbullying. Finalmente, los ciberataques de contenido se centran en las infracciones relacionadas con el contenido ilegal o dañino transmitido a través de Internet, abarcando casos como la pornografía infantil, el hacktivismo y la ciberpiratería intelectual, los cuales plantean desafíos jurídicos particulares que los hacen merecedores de un análisis y tratamiento aparte. No obstante, en otros contextos, como en el ámbito legal de diversos países se han desarrollado múltiples clasificaciones debido a la complejidad del fenómeno, lo que ha llevado a la inexistencia de una clasificación única y universalmente aceptada hasta el momento.

El cibercrimen ha recibido una atención considerable en los últimos años y representa un reto formidable para las personas, las empresas y los gobiernos a escala mundial. La Organización para la Cooperación y el Desarrollo Económicos (OCDE) subraya la ciberdelincuencia como un peligro cada vez mayor para la seguridad de la información, que ejerce efectos perjudiciales no solo en la integridad de los datos, sino también en los aspectos económicos y de privacidad (OCDE, 2020). La relevancia del cibercrimen en la sociedad actual es indiscutible. Con el aumento de la digitalización en prácticamente todos los aspectos de la vida diaria, las oportunidades para los ciberdelincuentes se han expandido exponencialmente. El Informe de Cibercrimen de la Interpol de 2021 señala un aumento en la frecuencia y sofisticación de los ataques que ocurren mediante las TIC, atribuyendo este crecimiento a la expansión del ecosistema digital y al aumento de la dependencia de las tecnologías de la información (Interpol, 2021).

Aunque anteriormente los riesgos de victimización en línea se asociaban principalmente con individuos jóvenes y de mediana edad, la pandemia de COVID-19 marcó un cambio significativo, impulsando rápidamente la incorporación de un gran número de personas adultas mayores al entorno digital. Esta evolución ha hecho que un número creciente de personas de este segmento etario quede expuesto a potenciales amenazas, generando un incremento en la ciberdelincuencia dirigida a este grupo.

Además, debemos tener en cuenta que el cibercrimen, como fenómeno relativamente joven que surgió con el nacimiento de Internet, presenta una serie de desafíos únicos en comparación con los tipos tradicionales de delitos. La primera dificultad es la existencia de una importante cifra negra en el ámbito del cibercrimen, es decir, el número real de ciberdelitos excede significativamente aquellos que se reportan y registran en cifras oficiales (Button y Cross, 2017; Kemp et al., 2020). De hecho, se ha sugerido que en general se denuncia la ciberdelincuencia menos que la delincuencia tradicional (Van de Weijer et al., 2019). La segunda dificultad se debe a que, frecuentemente, las denuncias en el entorno digital no apuntan a un individuo específico. En cambio, la denuncia a menudo se centra en una acción concreta que ha causado un daño, como la creación de perfiles con identidades falsas o el fraude mediante el uso de una identidad suplantada. Esto dificulta las etapas iniciales de la investigación policial, que buscan determinar quiénes son los culpables. El ciberespacio facilita el anonimato y en muchas ocasiones lo único que se presenta en la red es una representación virtual del autor, usualmente un perfil, una dirección de correo, un número de teléfono, o una dirección IP, los cuales deben ser asociados posteriormente a la persona real detrás de la acción. Además, la identificación precisa de la persona detrás de estos datos se complica por la falta de cooperación de las empresas proveedoras de servicios de internet, que son cruciales para vincular la actividad digital con individuos específicos. Finalmente, la transnacionalidad de los ciberdelitos añade otra capa de dificultad, puesto que no se trata solo de que el delincuente pueda haberse trasladado físicamente a otro país, sino que el delito mismo puede haberse cometido desde el extranjero, requiriendo una cooperación internacional para su persecución y resolución. Este conjunto de características específicas presenta un desafío que aumenta la complejidad inherente a la ciberdelincuencia, que no solo facilitan la comisión de actos ilegales, sino que también proporcionan a los ciberdelincuentes un medio para evadir eficazmente la aplicación de la ley. Por estos motivos, los ciudadanos adoptan un papel central en la prevención de la victimización.

4.2.2. FACTORES DE RIESGO ESPECÍFICOS PARA LOS ADULTOS MAYORES EN ENTORNOS DIGITALES

Es común toparse con la creencia generalizada de que la población de edad avanzada corre un riesgo especial para la cibervictimización, sobre todo en cuanto a las probabilidades de ser víctimas de delitos que implican alguna forma de engaño y una pérdida económica. Tal y como hemos destacado en la introducción a este capítulo, los fraudes informáticos suponen más del 95% de las victimizaciones conocidas contra mayores de 65 en el ámbito de la cibercriminalidad, hecho que indica que esta forma de cibervictimización es especialmente problemática.

En las investigaciones han surgido diversas posibles explicaciones para la predominancia de los fraudes informáticos entre las cibervictimizaciones contra personas adultas mayores, resaltando una combinación de factores físicos, económicos y sociales (Button y Cross, 2017). En primer lugar, en cuanto a los elementos fisiológicos, el avance de la edad suele conllevar una reducción de las capacidades cognitivas debido al deterioro de la corteza prefrontal. Esta disminución cognitiva se ha relacionado con un incremento de credulidad y el empeoramiento de la toma de decisiones financieras, lo que puede aumentar la susceptibilidad a los engaños (Judges et al., 2017; Shao et al., 2019). Conjuntamente, se ha identificado disminución de la materia blanca y gris, que cuando se asocia con deterioro en la corteza prefrontal ventromedial, puede influir negativamente en la toma de decisiones relacionadas con el riesgo, además de asociarse con una mayor credulidad y sugestión (Asp et al., 2013). En segundo lugar, la riqueza relativa de las personas mayores les convierte en objetivos especialmente atractivos (Davies et al., 2011). La acumulación de capital a lo largo de la vida aumenta el riesgo de ser objetivo en comparación con personas más jóvenes que suelen disponer de menos recursos para sustraer mediante el engaño (Martin y Rice, 2013). Por último, respecto a los factores sociales, muchas personas mayores viven solas o tienen círculos sociales más reducidos y, como consecuencia, están más aisladas socialmente. Esta situación puede hacer que sean más fáciles de manipular porque no tienen alguien cercano que puedan consultar o porque son menos conscientes de las amenazas que existen en el mundo digital (Alves y Wilson, 2008; Policastro y Payne, 2015). Asimismo, las generaciones mayores tienen menos experiencia con la tecnología que sus homólogos más jóvenes y algunos estudios han asociado la falta de conocimientos tecnológicos con un mayor riesgo de victimización por cibercriminalidad económica (Rebovich y Corbo, 2021).

A pesar de estos posibles factores de riesgo, debemos tener en cuenta que los datos a nivel agregado indican que, en realidad, las personas adultas mayores tienen menor riesgo de victimización financiera en línea que otros grupos de edad ya que realizan menos actividades cotidianas mediante las TIC (Kemp y Erades Pérez, 2023). Por ejemplo, en este grupo de edad se observa que acceden a internet con menos asiduidad, efectúan menos transacciones de compra en línea y utilizan servicios bancarios digitales con menor frecuencia, indicando diversos estudios que la mayor frecuencia de estas prácticas está asociada a un incremento en los niveles de cibervictimización económica en general. (Fonseca et al., 2022; Leukfeldt y Yar, 2016; Pratt et al., 2010). No obstante, sabemos que los ciberdelincuentes económicos adaptan sus ataques para perfiles específicos y, como consecuencia, tenemos que analizar qué tipos de ciberfraude y cibervictimización afectan específicamente a las personas mayores. Asimismo, cabe poner de relieve que menor prevalencia de victimización no equivale necesariamente a menor impacto: las personas adultas mayores pueden sufrir mayores consecuencias económicas y no económicas, tal y como se detallará más en adelante.

4.2.3. TIPOS DE CIBERVICTIMIZACIÓN MÁS COMUNES EN PERSONAS ADULTAS MAYORES

Schoepfer y Piquero (2009) y Whitty (2020), entre otros, subrayan que los perfiles de las víctimas de cibercriminalidad económica típicas cambian en función del tipo de delito en cuestión. En este sentido, en un estudio con una muestra de ciudadanos europeos encontramos que las ciberestafas al consumidor afectan a personas más jóvenes con mayor frecuencia; sin embargo, las estafas al consumidor que implican fraude de identidad son especialmente relevantes para las personas mayores (Kemp y Erades Pérez, 2023). En este tipo de ataque los delincuentes fingen pertenecer a una organización legítima, como una institución financiera, para obtener información sensible o dinero de la víctima. Una de las formas más comunes de este tipo de estafa para las PAM son las «estafas de soporte técnico», en las que los estafadores se hacen pasar por una empresa tecnológica legítima e informan a la víctima de que hay un problema con su dispositivo, pero que pueden solucionarlo a cambio de unos honorarios. Los resultados de este estudio europeo y otros de Estados Unidos (Payne, 2020) sugieren que existen diferencias significativas entre los grupos de edad para tipos específicos de fraudes contra el consumidor. De hecho, existen evidencias de que las estafas de soporte técnico se diseñan específicamente para aprovechar ciertas características de las personas de mayor edad como, por ejemplo, las inseguridades que tienen respecto a la tecnología o una posible mayor disposición a confiar en llamadas de empresas tecnológicas reputadas (Rebovich y Corbo, 2021). Los datos sobre hechos conocidos por los cuerpos policiales en el Reino Unido apoyan estas conclusiones, ya que, en los 13 meses entre enero 2023 y enero 2024, más de la mitad de todas las personas que denunciaron fraude en servicios de *software* informático se encuentran en las categorías de edad de 60-69 o 70-79 años, con un 21 % de las denuncias procedentes de víctimas del primer grupo y un 31 % del segundo.

Entre todos los tipos de ciberestafa, las estafas de soporte técnico son la tercera más denunciadas por personas entre 70-79 años en el Reino Unido en este período. Las más frecuentes son las estafas de pago anticipado, que implican un pago por adelantado realizado en espera de obtener una suma de dinero que no existe (Kemp, 2024), mientras que en segundo lugar están las ciberestafas en las compras en línea.

Para las personas entre 80-89, las estafas de soporte técnico son las segundas más denunciadas y las estafas de pago por anticipado ocupan el primer puesto en ese país. Respecto a las personas de entre 60-69 años, las estafas de soporte técnico no entran en el top tres, que está ocupado por las estafas en compras en línea, las de pago por anticipado, y, en tercer lugar, las estafas bancarias.

Lamentablemente, debido a la falta de reglas de conteo claras, así como una cultura de recopilación de datos, en España no existen datos sobre hechos conocidos desagregados por tipos específicos de estafas. La única información pública disponible se encuentra reproducida en la Tabla 1, de la que la conclusión más clara que se desprende es que cuando se habla de cibervictimización contra personas mayores, se está hablando de fraudes informáticos.

Tabla 1. Victimizaciones de personas de 65+ conocidas por la policía española en 2022.

Grupo Penal	Número de victimizaciones	% del total
Acceso e interceptación ilícita	137	0,5%
Amenazas y coacciones	492	1,7%
Contra el honor	35	0,1%
Contra propiedad indust./ intelec.	4	0,01%
Delitos sexuales(*)	2	0,01%
Falsificación informática	547	1.9
Fraude informático	27272	95,5%
Interferencia en datos y en sistema	77	0,2%
Total	28566	100%

Fuente: Datos extraídos del Informe sobre Cibercriminalidad en España 2022 del Ministerio del Interior.

4.2.4. IMPACTO PSICOLÓGICO Y FINANCIERO DE LA CIBERVICTIMIZACIÓN EN PAM

Respecto al impacto financiero de la cibercriminalidad y las personas mayores, Payne (2020) concluyó que las personas mayores perdieron más dinero durante la pandemia que las generaciones más jóvenes, mientras que Reynolds (2021) encontró una relación positiva entre la edad y las pérdidas financieras como resultado de fraude bancario. En cambio, el mismo autor no encontró una asociación significativa respecto al robo de identidad o el fraude con tarjetas de crédito. En nuestro trabajo con datos sobre víctimas de fraude al consumidor en línea en veintisiete países europeos estimamos que, teniendo en cuenta las características sociodemográficas y las actividades cotidianas en línea, las personas de entre 18 y 34 años tienen mayor probabilidad de sufrir pérdidas económicas por fraude al consumidor en línea que los adultos mayores de 65 (Kemp y Erades Pérez, 2023).

Las estadísticas oficiales del Reino Unido parecen apoyar el argumento de que las generaciones de más edad incurren en mayores pérdidas por ciberestafas. Para el período comprendido entre enero de 2023 y enero de 2024, ambos incluidos, los datos sobre el total de pérdidas por estafas denunciadas en Inglaterra y Gales indican que las pérdidas son mayores para las personas adultas mayores. La Tabla 2 muestra el número de denuncias para cada grupo de edad, así como la cantidad de pérdidas en libras esterlinas. Como puede observarse, la *ratio* de la cantidad perdida por cada denuncia en las categorías 50-59, 60-69 y 70-79 es notablemente superior al de la categoría 20-29, y el total de pérdidas denunciadas es superior. Los datos sugieren que los adultos más jóvenes sufren más ciberestafas, pero pierden menos dinero, lo que tiene sentido dado que suelen tener menos riqueza acumulada, tal y como hemos señalado en el apartado anterior sobre factores de riesgo. Las disparidades en las pérdidas sufridas son especialmente notables en determinados tipos de estafa en los que el nivel de patrimonio personal disponible determina el impacto. Por ejemplo, en el caso de las ciberestafas relacionadas con inversiones financieras, las personas en el grupo 20-29 denunciaron 3.924 incidentes con unas pérdidas totales de 26,8 millones de libras, mientras que el grupo de edad de 60-69 años y el de 60-69 años registraron mucho menos denuncias (3.017 y 1.812, respectivamente) pero pérdidas mucho más elevadas (108 millones y 63,9 millones de libras, respectivamente).

Tabla 2. Denuncias y pérdidas de ciberestafas reportadas en Inglaterra y Gales ene 23-ene 23.

Grupo de edad	20-29	30-39	40-49	50-59	60-69	70-79
Denuncias ciberestafas	41.097	43.891	36.584	33.075	25.029	17.526
Pérdidas ciberestafas	£81,1M	£144,5M	£161,7M	£189,5M	£181,9M	£130,3M
Ratio £ pérdidas / denuncia	1973,4	3292,2	4420,0	5729,4	7267,6	7434,7

Fuente: elaboración propia a partir de los datos de Action Fraud.

Además de las consecuencias económicas, es importante entender las consecuencias no económicas para las personas mayores. Estudios han concluido que ser el objetivo de un estafador puede tener consecuencias perjudiciales para la salud y el bienestar de los ciudadanos mayores incluso cuando no se ha producido una pérdida económica (Bailey et al., 2021). Una de las conclusiones más importantes de nuestro estudio sobre víctimas de fraude al consumidor es que las personas de más de 65 años tienen menos probabilidad de sufrir una pérdida económica, pero tienen mayor probabilidad de sufrir consecuencias negativas como estrés, ira, vergüenza, y empeoramiento de la salud física (Kemp y Erades Pérez, 2023). Estos sentimientos de vergüenza o el impacto negativo sobre su bienestar pueden verse incrementados debido a la extendida cultura de culpabilización que existe en torno a las personas mayores víctimas de estafas (Cross, 2015). Autores han identificado la manera en que los adultos mayores, incluso las que han sido víctimas de fraude, suelen utilizar etiquetas como ambicioso, crédulo o ingenuo para describir a quienes son víctimas de estafas (Cross, 2015; Segal et al., 2021). Una preocupación importante para algunas personas mayores es considerar que los demás las verán como incompetentes en la sociedad digital. Se ha encontrado que las personas mayores a veces temen que sus familiares y amigos les consideren incapaces de gestionar sus asuntos financieros en la sociedad digital tras sufrir una estafa en línea (Button y Cross, 2017). Estas preocupaciones pueden sumarse a o estar relacionadas con los otros impactos emocionales y psicológicos negativos del fraude que tiene lugar mediante las TIC. Además, teniendo en cuenta que los ciudadanos de edad más avanzada suelen tener peor salud física, es más probable que los efectos emocionales y psicológicos de la cibercriminalidad económica se conviertan en problemas físicos o empeoren los ya existentes. De hecho, en nuestro estudio encontramos que las personas de sesenta y cinco años o más tenían mayor probabilidad de efectos físicos negativos como consecuencia del ciberfraude.

Una clara implicación práctica de estas conclusiones sobre el impacto de la cibercriminalidad económica en las personas mayores es que las intervenciones con víctimas de edad avanzada no deben centrarse sólo en la recuperación del dinero, sino también en el bienestar, la salud mental, y las conexiones sociales. Como afirman Segal et al, «los programas deben incluir orientación psicológica que ayude a los consumidores mayores a afrontar las reacciones emocionales que suelen seguir al fraude al consumidor» (Segal et al., 2021). En España, donde la respuesta corresponde principalmente a las fuerzas policiales o a las entidades financieras, no se ha estudiado si las PAM que han sufrido un ciberfraude se sienten satisfechas con el apoyo recibido. Estudios del Reino Unido demuestran que las víctimas de fraude no suelen considerar satisfactoria la respuesta que reciben de la policía o de las entidades bancarias y aseguradoras (Button et al., 2013), hecho que subraya la importancia de formar a los profesionales que trabajan con personas mayores.

4.3 INSEGURIDAD EN LÍNEA EN PERSONAS ADULTAS MAYORES

Como se ha señalado previamente en este capítulo, las restricciones en la movilidad y la implementación de medidas de distanciamiento social impuestas por la pandemia de COVID-19 tuvieron como resultado la cancelación o conversión digital de numerosas actividades en las que participaban personas adultas mayores. Este proceso de digitalización, que abarcó desde actividades de ocio hasta el acceso a sistemas de salud, puso en relieve la importancia del manejo de herramientas digitales por parte de este grupo etario para acceder a servicios e información en línea, para participar en actividades recreativas y para mantener conexiones sociales, convirtiéndose así en un mecanismo esencial para mitigar el aislamiento social (Vázquez et al., 2021). No obstante, la adopción de las TIC presentó desafíos significativos, particularmente para aquellas personas no familiarizadas con estas herramientas. El uso inadecuado de las TIC, ya sea por conocimientos limitados, exposición excesiva a información errónea o por la falta de implementación de medidas de seguridad en línea, puede tener consecuencias perjudiciales en el bienestar financiero, psicológico y emocional de los usuarios (Borges do Nascimento et al., 2022; Diomidous et al., 2016).

La integración acelerada en el entorno digital de las personas adultas mayores se ve significativamente limitada por una desigualdad tradicional tanto en el acceso como en el uso y conocimientos de las TIC (Hargittai y Hinnant, 2008; Warschauer, 2002). Este fenómeno, denominado brecha digital, se puede dar en un nivel primario, asociado a un menor acceso a los recursos tecnológicos, así como en un nivel secundario, asociado a la ausencia de habilidades digitales necesarias. Incluso, se ha llegado a describir como «daño social» las desigualdades que emergen como consecuencia de estas brechas en sociedades altamente digitalizadas (Magnusson et al., 2004; Nimrod, 2010; Van Dijk, 2020). En el caso de las personas adultas mayores, la coexistencia de estas brechas tiene implicaciones significativas, limitando su capacidad de interactuar con el mundo digital y contribuyendo a su exclusión en aspectos vitales de la vida social y económica, pudiendo exacerbar de esta forma desigualdades sociales (Armitage y Nellums, 2020; Fernández-García, 2011; Querol, 2012; Van Deursen y Helsper, 2015).

Respecto a la brecha en las habilidades digitales, esta no solo reduce la capacidad de uso efectivo de las TIC, sino que también incrementa la vulnerabilidad real y subjetiva frente a riesgos asociados a su uso, como el ciberdelito. Una comprensión limitada de las tecnologías digitales puede disminuir la conciencia sobre las medidas de seguridad necesarias para proteger información personal, reducir la capacidad para identificar potenciales amenazas en línea, y aumentar sentimientos de inseguridad. Esta sensación de inseguridad es un concepto amplio que incluye no solo el temor a ser víctima sino también la experiencia de inseguridad y la percepción de falta de control sobre el entorno (Valera y Guàrdia, 2014). En lo referente al temor a convertirse en víctima de ciberdelitos en concreto, estudios han encontrado que puede tener consecuencias negativas o positivas: por un lado, un miedo disfuncional, que deteriora la calidad de vida al limitar la realización de conductas, y, por el otro lado, un miedo funcional, que motiva la adopción de medidas preventivas sin comprometer la funcionalidad del individuo (Jackson y Gray, 2010). La existencia de inseguridad y miedo disfuncional puede desincentivar el uso de herramientas digitales, representando un desafío notable para el uso de TIC en personas adultas mayores (Brands y Van Doorn, 2022; Chen y Zahedi, 2016; Vroman et al., 2015). No obstante, esta relación entre la confianza en las propias capacidades digitales y el miedo a la ciberdelincuencia es compleja, abarcando dimensiones psicológicas, sociales y tecnológicas. A veces la inseguridad se ve afectada por experiencias reales con la ciberdelincuencia, propias o de personas cercanas, pero otras veces se debe más al miedo a lo desconocido y de falta de apoyo. Por tanto, abordar estas preocupaciones e inseguridades requiere no solo mejorar la formación en habilidades digitales entre los grupos vulnerables, sino también concienciar sobre las amenazas más relevantes y sobre dónde y cómo conseguir apoyo para utilizar las TIC de forma segura, lo cual podría minimizar significativamente los obstáculos hacia la inclusión digital y fomentar una interacción segura con la tecnología.

4.4. ESTRATEGIAS DE PREVENCIÓN Y PROTECCIÓN

4.4.1. MATERIAL DE APRENDIZAJE ADAPTADO

Las barreras al aprendizaje en el ámbito digital para las personas mayores abarcan una compleja serie de obstáculos que afectan a su capacidad para interactuar con la tecnología de manera eficaz y segura. La falta de familiaridad y comprensión de la terminología digital constituye uno de los principales obstáculos, ya que genera inseguridad al interactuar con estas herramientas, por miedo a cometer errores (Olphert y Damodaran, 2013). Términos como «enlace», «código QR» y «nube», entre otros, pueden generar confusión y, a falta de una explicación clara y personalizada, pueden aumentar los sentimientos de exclusión y analfabetismo digital cuando reciben información relacionada con las TIC. Además, esto se ve agravado por la rápida evolución del lenguaje tecnológico, que puede hacer que incluso las personas adultas mayores que poseen ciertas habilidades digitales tengan la percepción de que sus conocimientos rápidamente dejan de ser útiles. Por tanto, la base principal de la formación a personas adultas mayores en TIC es la adaptación a las características concretas de este poblacional de los recursos que se ofrecen. Esto implica la creación de materiales de aprendizaje que sean visualmente accesibles, empleando un lenguaje sencillo que evite el uso de jerga tecnológica sin incluir explicaciones detalladas. Por ejemplo, en lugar de simplemente mencionar el acto de «subir un archivo a la nube», deberíamos exponer el concepto de la nube de una manera que se relacione con las experiencias o conocimientos previos que poseen las personas adultas mayores. Este enfoque facilita el desarrollo de una comprensión de los conceptos digitales, lo que hace que el proceso de aprendizaje sea más accesible y menos abrumador. Además, es imprescindible que los programas de capacitación den la oportunidad a las personas participantes de aplicar lo que aprenden mediante ejercicios prácticos que reflejen situaciones de la vida real, encontrando utilidad a las herramientas (Heart y Kalderon, 2013). Esto no solo refuerza el aprendizaje, sino que también aumenta la confianza en el uso de la tecnología para tareas cotidianas, como realizar compras en línea, usar aplicaciones de comunicación o acceder a servicios gubernamentales electrónicos.

Además de la terminología digital, existen dificultades técnicas inherentes a la utilización de dispositivos y *software*. La interfaz de usuario de numerosos dispositivos y aplicaciones tecnológicas no está diseñada pensando en los usuarios de más edad (Xie, 2003), lo que genera problemas tales como tamaños de letra pequeños, botones poco intuitivos y configuraciones complejas que pueden resultar abrumadoras y generar una mayor inseguridad al interaccionar con ellas. Adicionalmente, esto puede verse agravado cuando se dan limitaciones físicas que pueden surgir en usuarios de más edad, como la disminución de la destreza manual, los problemas de visión y la reducción de la capacidad de retención de la memoria a corto plazo. Por tanto, el conjunto de características concretas en este grupo de edad sumado a un enfoque de formación poco adaptado puede llevar a un aumento de los sentimientos de inseguridad y generar la percepción de que la tecnología es intrínsecamente compleja y está fuera de su alcance.

4.4.2. FORMACIÓN ESPECÍFICA EN SEGURIDAD DIGITAL

Debido a los factores expuestos previamente, es evidente que se requiere un enfoque integral para abordar los diversos aspectos y riesgos asociados con la ciberseguridad en la población adulta mayor. Por su mayor prevalencia en este grupo, cualquier formación dirigida a personas adultas mayores deben integrar conocimientos relacionados con la identificación de comunicaciones fraudulentas, la gestión segura de las transacciones financieras y una comprensión profunda de cómo se pueden emplear las tácticas de ingeniería social para manipular a los usuarios para que divulguen su información personal o realicen una transferencia, así como para identificar las señales de advertencia que indican un intento de suplantación de identidad. Esto abarca el análisis de los correos electrónicos que solicitan información personal de manera engañosa, las llamadas telefónicas no solicitadas de personas que ofrecen asistencia técnica y las ofertas que parecen demasiado buenas para ser ciertas. Al informar sobre estos peligros, es crucial utilizar ejemplos y simulaciones que permitan experimentar de manera segura la forma en que se presentan estas prácticas engañosas, mejorando así su capacidad para identificar los intentos de fraude y responder adecuadamente a ellos. Además, la formación sobre seguridad en línea debe abordar la importancia de mantener un sano escepticismo ante las comunicaciones que piden alguna acción por su parte, que les permita desarrollar un juicio crítico (Jampen et al., 2020), por ejemplo, a la hora de cliquear en un enlace o descargar un archivo, especialmente si provienen repentinamente de fuentes desconocidas y si el emisor destaca la urgencia de la acción.

Asimismo, la gestión de contraseñas es otro elemento fundamental que requiere una atención especial. Se debe formar a las personas adultas mayores sobre cómo crear contraseñas seguras y distintivas para sus cuentas en línea de información valiosa, absteniéndose de utilizar información personal fácil de adivinar. La instrucción debe incluir el uso de administradores de contraseñas para almacenar y organizar de forma segura estas contraseñas, eliminando la necesidad de recordar cada una de ellas y reduciendo el riesgo de emplear contraseñas débiles por conveniencia (Chaudhary et al., 2019). Además, se debe poner de relieve la importancia de la autenticación de dos factores como una capa adicional de seguridad, aclarando su funcionamiento y por qué es eficaz para proteger las cuentas incluso en caso de que la contraseña esté comprometida.

Al integrar estos elementos en un programa formativo adaptado a este grupo poblacional, se incrementan las herramientas y la capacitación para desarrollar una comprensión integral de la seguridad en línea, dotándolas de las habilidades necesarias para navegar por Internet de forma segura. Adicionalmente, la formación debe transmitir que no constituyen un grupo débil y que son capacitados para gestionar las herramientas digitales de forma segura. Diversos estudios han destacado la importancia de la autoeficacia percibida para la adopción de medidas de prevención (van Bavel et al., 2019).

4.4.3. RED DE APOYO INSTITUCIONAL, COMUNIDADES DE APRENDIZAJE Y ESTRATEGIAS DE POLÍTICAS PÚBLICAS

La configuración de una red de apoyo sólida que implique diversas áreas, incluidas las comunidades de aprendizaje y la adopción de políticas públicas orientadas a promover la inclusión digital efectiva y segura de las personas adultas mayores, representa un componente fundamental en el proceso de digitalización dirigido a este grupo poblacional (Xie et al., 2020). En esta línea, las comunidades de aprendizaje entre pares, donde personas adultas mayores actúan como formadores y apoyo para otras dentro del mismo grupo etario, pueden aportar resultados positivos. La promoción de la formación de grupos de aprendizaje donde las PAM puedan compartir experiencias, conocimientos y soluciones permite la creación de un entorno de apoyo mutuo que facilita la adquisición de habilidades digitales. Este enfoque colaborativo no solo refuerza el aprendizaje individual a través de la interacción social, sino que también contribuye a la reducción del aislamiento, potenciando la confianza y la motivación para enfrentarse a los retos tecnológicos. La eficacia de las comunidades de aprendizaje entre pares reside en su capacidad para adaptarse a las necesidades específicas de sus miembros, ofreciendo un espacio seguro para la exploración y la experimentación digital (Nicholson et al., 2021).

Además, la colaboración con entidades locales, como bibliotecas, ayuntamientos y asociaciones comunitarias constituye un elemento fundamental en el fortalecimiento de la red de apoyo digital para las PAM. Estas instituciones emergen como agentes de cambio esenciales en la provisión de talleres, conferencias y sesiones educativas enfocadas en la seguridad en línea y otras áreas relevantes de la digitalización (Lenstra, 2017). En este ámbito subrayamos la necesidad de adoptar estrategias inclusivas y accesibles en la difusión de la formación digital, especialmente considerando que la divulgación de estos recursos a menudo se realiza a través de medios digitales, lo cual puede representar una barrera significativa para las PAM que aún no están familiarizadas con estas tecnologías.

Adicionalmente, los gobiernos, en colaboración con instituciones públicas y privadas, pueden liderar la creación de políticas y programas que promuevan la alfabetización digital y la seguridad en línea de los adultos mayores. Esto implica la inversión en la educación digital y en la infraestructura tecnológica necesaria para garantizar el acceso universal a servicios digitales seguros y confiables. Un aspecto a tener en cuenta es el desarrollo de estos programas, así como de la legislación asociada al ámbito digital, desde una perspectiva centrada en el usuario y todas las áreas implicadas, fomentando una comprensión holística que ayude a reducir perspectiva de la edad como un factor determinante en el uso de TIC (Sourbati, 2009).

Por tanto, y fundamentado en lo que se ha expuesto previamente en este apartado, una estrategia integral en este ámbito debería contemplar los siguientes componentes clave:

- Desarrollo de Programas Educativos Específicos: promover el desarrollo de programas de alfabetización digital diseñados específicamente para personas adultas mayores, centrando la atención en las habilidades prácticas necesarias para navegar en el entorno digital de manera segura. Estos programas deben abordar desde conceptos básicos hasta prácticas de seguridad en línea, adaptando el contenido para que sea relevante y accesible para este grupo demográfico.
- Fomento de Colaboración Interinstitucional: La cooperación entre diferentes sectores y organizaciones es crucial para ampliar el alcance y la eficacia de los programas de apoyo digital. Establecer sinergias entre entidades gubernamentales, organizaciones no gubernamentales, y el sector privado puede crear una red de soporte más robusta y diversificada, aprovechando la experiencia y los recursos de cada participante.
- Inversión en Infraestructura Tecnológica: Para garantizar que los adultos mayores puedan acceder a los recursos digitales, es esencial que los gobiernos inviertan en la mejora de la infraestructura tecnológica. Esto incluye asegurar la disponibilidad de conexión a internet de alta velocidad en áreas rurales y remotas, así como la provisión de dispositivos tecnológicos accesibles, tanto económicamente como en su manejo y soporte técnico.
- La implementación de campañas de concienciación pública constituye una estrategia útil para la formación de las PAM respecto a los riesgos asociados con el entorno digital y las estrategias de prevención pertinentes. Dichas campañas, que deben ser divulgadas a través tanto de medios de comunicación tradicionales como digitales, ampliando su alcance y efectividad. Adicionalmente, fomentar el contacto intergeneracional a través de estas campañas puede actuar como un elemento positivo, dado que el contacto entre generaciones constituye un factor clave en la disminución de estereotipos asociados con la edad (Levy, 2006), contribuyendo así a la reducción del edadismo y de los estereotipos sobre el uso de las TIC en personas adultas mayores.

- Establecimiento de Líneas de Ayuda y Soporte: La creación de líneas directas y servicios de soporte técnico que los adultos mayores puedan utilizar para obtener ayuda con problemas digitales específicos es otra medida esencial. Estos servicios pueden ofrecer asesoramiento personalizado y soluciones prácticas para garantizar una experiencia digital segura y positiva.

En conclusión, la creación de una red de apoyo sólida para los adultos mayores implica una estrategia integrada que combina múltiples servicios. Además, sería beneficiosa la adopción de un enfoque participativo de este grupo etario en el proceso de diseño, tanto de las diversas herramientas como de las iniciativas relacionadas con la digitalización. Incorporar activamente las perspectivas del conjunto de la sociedad es esencial para asegurar que las TIC sean verdaderamente universales y respondan a las necesidades de todos los sectores de la población (Zhang, 2023). Esto requiere un compromiso con métodos de investigación cualitativa y cuantitativa que puedan capturar de manera efectiva las experiencias y expectativas de las personas adultas mayores, así como un enfoque interdisciplinario que promueva un diseño inclusivo del entorno digital

4.5. REFERENCIAS

Ahmad, R. y Thurasamy, R. (2022). A Systematic Literature Review of Routine Activity.

Theory's Applicability in Cybercrimes. *Journal of Cyber Security and Mobility, 11*(03), 405-432. https://doi.org/10.13052/jcsm2245-1439.1133

Alves, L. M., y WIlson, S. R. (2008). The Effects of Loneliness on Telemarketing Fraud.

Vulnerability Among Older Adults. *Journal of Elder Abuse y Neglect,* 20(1), 63-85. https://doi.org/10.1300/J084v20n01_04

Armitage, R. y Nellums, L. (2020). COVID-19 and the consequences of isolating the elderly. *The Lancet Public Health.* 5. http://dx.doi.org/10.1016/S2468-2667(20)30061-X

Asp, E., Manzel, K., Koestner, B., Denburg, N. L., y Tranel, D. (2013). Benefit of the doubt: a new view of the role of the prefrontal cortex in executive functioning and decision making. *Frontiers in neuroscience,* 7, 86. https://doi.org/10.3389/fnins.2013.00086

Bailey, J., Taylor, L., Kingston, P., y Watts, G. (2021). Older adults and «scams»: Evidence from the Mass Observation Archive. *The Journal of Adult Protection*, 23(1), 57-69. https://doi.org/10.1108/JAP-07-2020-0030

Borges do Nascimento, I. J., Pizarro, A. B., Almeida, J. M., Azzopardi-Muscat, N., Gonçalves, M. A., Björklund, M., y Novillo-Ortiz, D. (2022). *Infodemics and health misinformation: a systematic review of reviews. Bulletin of the World Health Organization*, 100(9), 544-561. https://doi.org/10.2471/BLT.21.287654

Brands, J., y Van Doorn,J. (2022). The measurement, intensity and determinants of fear of cybercrime: A systematic review, *Computers in Human Behavior*,Volume 127. https://doi.org/10.1016/j.chb.2021.107082

Button, C., y Cross, C. (2017). *Cyber frauds, scams and their victims*. Abingdon: Routledge. https://doi.org/10.4324/9781315679877

Button, M., Tapley, J., y Lewis, C. (2013). The «fraud justice network» and the *infra*-structure of support for individual fraud victims in England and Wales. *Criminology & Criminal Justice*, 13(1), 37-61. https://doi.org/10.1177/1748895812448085

Caouette A, Vincent C. y Montreuil B. (2007). Use of telemonitoring by elders at home: actual practice and potential]. *Canadian Journal of Occupational therapy*. Revue Canadienne D'ergotherapie. Dec;74(5):382-392. https://doi.org/10.2182/cjot.07.004

Chaudhary, S., Schafeitel-Tähtinen, T., Helenius, M. y Berki, E. (2019). Usability, security and *trust* in password managers: A quest for user-centric properties and features, *Computer Science Review*, Volume 33, 69-90. https://doi.org/10.1016/j.cosrev.2019.03.002

Chen, Y., y Zahedi, F.M. (2016). Individuals' internet security perceptions and behaviors: polycontextual contrasts between the United States and China. *MIS Q*. 40, 1 https://doi.org/10.25300/MISQ/2016/40.1.09

Chopik, W.J (2016). The benefits of social technology use among older adults are mediated by reduced loneliness. *Cyberpsychol. Behav. Soc.* Netw, 19, pp. 551-556

Council of Europe Development Bank. (2014). Ageing populations in Europe: Challenges and opportunities for the CEB (p. 82). *Council of Europe Development Bank CEB*. https://coebank.org/en/news-and-publications/ceb-publications/ageing-populations-europe-challenges-opportunities/

Cross, C. (2015). No laughing matter: Blaming the victim of online fraud. International Review of Victimology, 21(2), 187-204. https://doi.org/10.1177/0269758015571471

Czaja, S.J (2017). *The role of technology in supporting social engagement among older Adults Public Policy Aging.*, 27, pp. 145-148.

Davies, M., Harries, P., Cairns, D., Stanley, D., Gilhooly, M., Gilhooly, K., Notley, E., Gilbert, A., Penhale, B., y Hennessy, C. (2011). Factors used in the detection of elder financial abuse: A judgement and decision-making study of social workers and their managers. *International Social Work,* 54(3), 404-420. https://doi.org/10.1177/0020872810396256

Diomidous, M., Chardalias, K., Magita, A., Koutonias, P., Panagiotopoulou, P. y Mantas, J. (2016). Social and Psychological Effects of the Internet Use. *Acta Informatica Medica.* https://doi.org/10.5455/aim.2016.24.66-69

European Commission. (2021). The 2021 *Ageing Report: Economic and Budgetary.*

Projections for the EU Member States (2019-2070). European Commission. https://economy-finance.ec.europa.eu/publications/2021-ageing-report-economic-and-budgetary-projections-eu-member-states-2019-2070_en

Federal Bureau of Investigation. (2022). *2022 IC3 Elder Fraud Report.* Internet Crime.

Complaint Center (IC3). https://www.ic3.gov/Media/PDF/AnnualReport/2022_IC3ElderFraudReport.pdf

Fernández-García, A. (2011). Las personas mayores ante las tecnologías de información y comunicación. *Revista 60 y más,* 300, 8-13.

Fonseca, C., Moreira, S., y Guedes, I. (2022). Online Consumer Fraud Victimization and Reporting: A Quantitative Study of the Predictors and Motives. *Victims & Offenders,* 17(5), 756-780. https://doi.org/10.1080/15564886.2021.2015031

Hargittai, E. (2002). *Second-Level Digital Divide: Differences in People's Online Skills.*

Heart, T., y Kalderon, E. (2013). Older adults: are they ready to adopt health-related ICT? *International journal of medical informatics,* 82(11), e209-e231.https://doi.org/10.1016/j.ijmedinf.2011.03.002

Instituto Nacional de Estadística. (s. f.). Encuesta sobre Equipamiento y Uso de Tecnologías de Información y Comunicación en los Hogares. *Instituto Nacional de Estadística.* Recuperado 11 de noviembre de 2022, de https://www.ine.es/dynt3/inebase/es/index.htm?padre=8321&capsel=8329

Jackson, J., y Gray, E. (2010). Functional fear and public insecurities about crime. *British Journal of Criminology,* 50, 1-22. https://doi.org/10.1093/bjc/azp059

Jampen, D., Gür, G., Sutter, T. y Tellenbach, B. (2020). Don't click: towards an effective anti-phishing training. A comparative literature review. *Human-centric Computing and Information Sciences.* 10. https://doi.org/10.1186/s13673-020-00237-7

Judges, R. A., Gallant, S. N., Yang, L., y Lee, K. (2017). The Role of Cognition, Personality, and *Trust* in Fraud Victimization in Older Adults. Frontiers in Psychology, 8, 588. https://doi.org/10.3389/fpsyg.2017.00588

Kemp, S. (2024). Las Ciberestafas: Tendencias, Infractores, Víctimas y Prevención. Atelier. https://atelierlibrosjuridicos.com/libreria-juridica/las-ciberestafas-tendencias-infractores-victimas-y-prevencion/

Kemp, S., y Erades Pérez, N. (2023). Consumer Fraud against Older Adults in Digital Society: Examining Victimization and Its Impact. International Journal of Environmental Research and Public Health, 20(7), 5404. https://doi.org/10.3390/ijerph20075404

Kemp, S., Miró Llinares y F., Moneva, A. (2020). The dark figure and the cyber fraud rise in Europe: evidence from Spain. *European Journal on Criminal Policy and Research,* vol. 26, núm. 4. https://doi.org/10.1007/s10610-020-09439-2

Lenstra,N.(2017).The Community-Based Information Infrastructure of Older Adult Digital Learning: A Study of Public Libraries and Senior Centers in a Medium-sized City in the USA. *Nordicom Review,*38(s1) 65-77. https://doi.org/10.1515/nor-2017-0401

Leukfeldt, E. R., y Yar, M. (2016). Applying Routine Activity Theory to Cybercrime: A Theoretical and Empirical Analysis. Deviant Behavior, 37(3), 263-280. https://doi.org/10.1080/01639625.2015.1012409

Levy, S. R. (2016). Toward Reducing Ageism: PEACE (Positive Education about Aging and Contact Experiences) Model. *The Gerontologist,* gnw116. https://doi.org/10.1093/geront/gnw116

Magnusson, L., Hanson, E. y Borg, M. (2004). A literature review study of Information and Communication Technology as a support for frail older people living at home and their family carers. *Technology and Disability*. 16. 223-235. https://doi.org/10.3233/TAD-2004-16404

Martin, N., y Rice, J. (2013). Spearing High Net Wealth Individuals: The Case of Online Fraud and Mature Age Internet Users. *International Journal of Information Security and Privacy* (IJISP), 7(1), 1-15. https://doi.org/10.4018/jisp.2013010101

Mears, D. P., Reisig, M. D., Scaggs, S., y Holtfreter, K. (2016). Efforts to Reduce Consumer Fraud Victimization Among the Elderly: The Effect of Information Access on Program Awareness and Contact. *Crime & Delinquency*, 62(9), 1235-1259. https://doi.org/10.1177/0011128714555759

Ministerio del Interior. (2023). Informe sobre la cibercriminalidad en España 2022. Ministerio del Interior. https://www.interior.gob.es/opencms/export/sites/default/.galleries/galeria-de-prensa/documentos-y-multimedia/balances-e-informes/2022/Informe-Cibercriminalidad-2022.pdf

Miró Llinares, F. (2012). El cibercrimen: Fenomenología y criminología de la delincuencia en el ciberespacio. *El cibercrimen*, 1-332.

Nicholson, J., Morrison, B.A., Dixon, M., Holt, J., Coventry, L.M., y McGlasson, J. (2021). Training and Embedding Cybersecurity Guardians in Older Communities. Proceedings of the 2021 CHI *Conference on Human Factors in Computing Systems*.https://doi.org/10.1145/3411764.3445078

Nimrod, G. (2010). Seniors´online communities: A quantitative content analysis. The Gerontologist, 50(3), 382-392. https://doi.org/10.1093/geront/gnp141

Olphert, W., y Damodaran, L. (2013). Older people and digital disengagement: a fourth digital divide? *Gerontology*, 59(6), 564-570. https://doi.org/10.1159/000353630

Payne, B. K. (2020). Criminals Work from Home during Pandemics Too: A Public Health Approach to Respond to Fraud and Crimes against those 50 and above. *American Journal of Criminal Justice*, 45(4), 563-577. https://doi.org/10.1007/s12103-020-09532-6

Policastro, C., y Payne, B. K. (2015). Can You Hear Me Now? Telemarketing Fraud Victimization and Lifestyles. *American Journal of Criminal Justice*, 40(3), 620-638. https://doi.org/10.1007/s12103-014-9279-x

Pratt, T. C., Holtfreter, K., y Reisig, M. D. (2010). Routine Online Activity and Internet Fraud Targeting: Extending the Generality of Routine Activity Theory. *Journal of Research in Crime and Delinquency*. https://doi.org/10.1177/0022427810365903

Querol, V.A. (2012). mayo*res y ciberespacio: Procesos de inclusión y exclusión*. Barcelona: UOC.

Rebovich, D., y Corbo, L. (2021). The Distillation of National Crime Data into A Plan for Elderly Fraud Prevention: A Quantitative and Qualitative Analysis of U.S. Postal Inspection Service Cases of Fraud against the Elderly. *Victims y Offenders*, 16(3), 407-430. https://doi.org/10.1080/15564886.2020.1865225

Reisig, M. D., y Holtfreter, K. (2013). Shopping fraud victimization among the elderly. *Journal of Financial Crime*, 20(3), 324-337. https://doi.org/10.1108/JFC-03-2013-0014

Reynolds, D. (2021). The differential effects of identity theft victimization: How demographics predict suffering out-of-pocket losses. *Security Journal*, 34(4), 737-754. https://doi.org/10.1057/s41284-020-00258-y

Schoepfer, A., y Piquero, N. L. (2009). Studying the correlates of fraud victimization and reporting. *Journal of Criminal Justice*, 37(2), 209-215. https://doi.org/10.1016/j.jcrimjus.2009.02.003

Segal, M., Doron, I. (Issi), y *Mor*, S. (2021). Consumer Fraud: Older People's Perceptions and Experiences. *Journal of Aging & Social Policy*, 33(1), 1-21. https://doi.org/10.1080/08959420.2019.1589896

Shao, J., Zhang, Q., Ren, Y., Li, X., y Lin, T. (2019). Why are older adults victims of fraud? Current knowledge and prospects regarding older adults' vulnerability to fraud. *Journal of Elder Abuse & Neglect*, 31(3), 225-243. https://doi.org/10.1080/08946566.2019.1625842

Sourbati, M. (2009). «It could be useful, but not for me at the moment»: older people, internet access and e-public service provision. New Media & Society, 11(7), 1083-1100. https://doi.org/10.1177/1461444809340786

Valera, S., y Guàrdia, J. (2014). Perceived insecurity and fear of crime in a city with low crime rates. Journal of Environmental Psychology. 38. https://doi.org/10.1016/j.jenvp.2014.02.002

Van Bavel, R., Rodríguez-Priego, N., Vila, J., y Briggs, P. (2019). Using protection motivation theory in the design of nudges to improve online security behavior. *International Journal of Human-Computer Studies*, 123, 29-39. https://doi.org/10.1016/j.ijhcs.2018.11.003

Van Deursen, A.J. y Helsper, E.J. (2015) The third-level digital divide: who benefits most from being online? *Communication and Information Technologies Annual; Studies in Media and Communications*, 10, 29-52. https://doi.org/10.1108/S2050-206020150000010002

Van Dijk, J. (2020). *The digital divide*. John Wiley & Sons.

Van de Weijer, S.G., Leukfeldt, R. y Bernasco, W. (2019). Determinants of reporting cybercrime: a comparison between identity theft, consumer fraud, and hacking. *European Journal of Criminology* 16(4): 486-508. https://doi.org/10.1177/1477370818773610

Vázquez Blanco, A., Baz Codesal, M., y Blanco Martín, M. P. (2021). El confinamiento por el covid-19 causa soledad en las personas mayores. Revisión sistemática. Revista INFAD De Psicología. *International Journal of Developmental and Educational Psychology.*, 2(1), 471-478. https://doi.org/10.17060/ijodaep.2021.n1.v2.2099

Vroman, K.G., Arthanat, S. y Lysack, C. (2015), «Who over 65 is online? Older adults' dispositions toward information communication technology», *Computers in Human Behavior*, Vol. 43, pp. 156-166. https://doi.org/10.1016/j.chb.2014.10.018

Warschauer, M. (2002). Reconceptualizing the Digital Divide. First Monday, 7(7). https://doi.org/10.5210/fm.v7i7.967

Xie, B. (2003). Older adults, computers, and the Internet: Future directions. *Gerontechnology*, 2(4), 289-305.

Xie, B., Charness, N., Fingerman, K., Kaye, J., Kim, M. T., y Khurshid, A. (2020). When Going Digital Becomes a Necessity: Ensuring Older Adults' Needs for Information, Services, and Social Inclusion During COVID-19. *Journal of aging & social policy*, 32(4-5), 460-470. https://doi.org/10.1080/08959420.2020.1771237

Yar, M., y Steinmetz, K. F. (2019). Cybercrime and Society. *SAGE Publications Ltd*. https://uk.sagepub.com/en-gb/eur/cybercrime-and-society/book260644

Whitty, M. T. (2019). Predicting susceptibility to cyber-fraud victimhood. *Journal of Financial Crime*, 26(1), 277-292. https://doi.org/10.1108/JFC-10-2017-0095

Zhang, M. (2023). Older people's attitudes towards emerging technologies: A systematic literature review. *Public Understanding of Science*, 0(0). https://doi.org/10.1177/09636625231171677

Capítulo 5

Nuevas políticas públicas para nuevos contextos: recomendación para nuevos rumbos en las políticas de digitalización de los servicios públicos

María del Carmen Segura Cuenca

Enrique Conejero Paz
Universidad Miguel Hernández de Elche

5.1. INTRODUCCIÓN

Desde hace más de cuatro décadas la revolución de las tecnologías de la información y de la comunicación (TIC), y la llamada Revolución Industrial 4.0 (Schwab, 2016), está cambiando radicalmente la forma en que vivimos y nos relacionamos. Es evidente que dichos cambios están enraizados en «la revolución de las TIC, cuyo origen hay que situarlo en las innovaciones tecnológicas iniciadas en la Segunda Guerra Mundial y desarrolladas durante la Guerra Fría» (Arenilla, 2021:17).

Ya desde sus comienzos emergió la posibilidad de que surgieran nuevas formas de participación política, con la promesa de nuevas dinámicas democráticas que, desde entonces, han sido etiquetadas como potencialmente innovadoras, modernas y participativas y que podrían materializar un empoderamiento ciudadano efectivo. Si bien estas promesas parecían justificadas con respecto a las TIC, es importante destacar que las diferentes propuestas de democracia digital o electrónica se basan, explícita o implícitamente, en conceptos bien enraizados en la teoría democrática (Lindner y Anchholdzer, 2020).

Especialmente, la pandemia de la CoVID-19 puso de manifiesto la debilidad de la mayoría de los gobiernos para hacer frente a un shock de esta naturaleza. Pero, a su vez, se convirtió en una ventana de oportunidad para lograr una verdadera transformación digital en todos los sectores, públicos, privados y de la sociedad civil, con el objetivo de construir una sociedad más resiliente, sostenible y digitalmente resistente.

Las TIC disponibles durante la pandemia han desempeñado un papel vital en los esfuerzos de los gobiernos por coordinar la respuesta colectiva a la pandemia e impulsó un avance en las políticas públicas de digitalización. En este sentido, se implementaron iniciativas destinadas a aumentar la conectividad. En efecto, a nivel mundial, el número de usuarios de Internet pasó de 4.148 millones en 2019 a 5.347 millones en 2022[1], lo que representa un 66% de la población mundial. Los avances digitales y el desarrollo del gobierno electrónico han sido espectaculares, especialmente en los sectores de la sanidad[2] y la educación.

La identidad digital está cada vez más presente y, en muchos casos, ya no se requiere la presencia física para acceder a los servicios y la inteligencia artificial (IA) cada vez está más presente. Según un estudio de investigación de PwC (2021), el 52% de las empresas de los Estados Unidos aceleraron sus planes de adopción de la IA a raíz de la crisis de la CoVID-19, y el 86% creía que la IA se convertiría en una tecnología dominante en su lugar de trabajo.

1. Véase en https://datareportal.com/reports/digital-2024-deep-dive-the-state-of-internet-adoption
2. Por ejemplo, en España se desplegó un chatbot en el sector sanitario basado en la inteligencia artificial (Hispabot-Covid 19), durante las 24 horas ofrecía respuestas inmediatas a las dudas de los ciudadanos. El sistema, fue testado con más de 200 preguntas que se podían formular de 1.000 maneras diferentes, empleando información del Ministerio de Sanidad y otros organismos oficiales relativa a síntomas de la enfermedad, medidas de prevención, cifras actuales, teléfonos de contacto, entre otras.

Además, la mayoría de los países han asignado mayores recursos a programas de formación que promueven la alfabetización digital, la adquisición de habilidades de codificación y la experiencia en medios digitales. También, la coordinación interna, el acceso y la interoperabilidad han sido prioridades clave en las estrategias de digitalización de los gobiernos. A finales de 2021, el grupo *Digital Nations* (formado por 10 países digitalmente avanzados: Canadá, Dinamarca, Estonia, Israel, México, Nueva Zelanda, Portugal, República de Corea, Reino Unido y Uruguay) estableció una carta no vinculante que incorpora disposiciones sobre transparencia y datos abiertos, y define los principios clave para una administración inteligente, responsable y eficaz[3].

Compartimos con Ramió (2019) que, a medio y largo plazo, el impulso de las tecnologías emergentes en la Administración transformará su estructura y su relación con los ciudadanos. La implantación de robots en la Administración traerá diversos cambios y «[...] es obvio que también se verá afectada la parte de prestación de servicios de la Administración pública: policías robots, trabajadores sociales robots, sanitarios robots, etc.». Aunque tenemos que resaltar que la pandemia y el escenario pospandémico han acortado dichos plazos a una velocidad vertiginosa.

Ya antes de la pandemia de la CoVID-19 la OCDE en el documento de trabajo *Going Digital: Shaping Policies, Improving Lives* (2019), recomendaba a los gobiernos abordar una estrategia integral en las políticas de digitalización, recomendando:

- Superar las brechas para permitir que las personas y las empresas aprovechen las oportunidades digitales. Garantizando el acceso a banda ancha asequible y de alta calidad para todos y cerrar las brechas digitales de género, edad, ingresos y educación.
- Dotar a las personas de las habilidades necesarias para tener éxito en una economía y sociedad digitales. Prepararse para un desafío masivo de capacitación, repensar fundamentalmente los sistemas educativos, fomentar habilidades fundamentales y aprendizaje permanente, abordando las preocupaciones en torno a las formas emergentes de trabajo y mejorar la protección social para garantizar que nadie se quede atrás.
- Mejorar el acceso a los datos para impulsar la innovación digital entre las personas, las empresas y los gobiernos, tomando al mismo

3. Ver en https://www.canada.ca/en/government/system/digital-government/improving-digital-services/digital-nations-charter.html.

tiempo en cuenta los intereses nacionales, privados y de seguridad legítimos; promover regímenes de privacidad interoperables para facilitar los flujos de datos transfronterizos.

- Adoptar una agenda digital global que aborde cuestiones nuevas y complejas, incluida la dinámica de la competencia; privacidad; datos y flujos de datos transfronterizos; las desigualdades y su relación con la transformación digital; confianza en el gobierno; democracia en la era digital; el futuro de la empresa; y una mejor medición de transformación digital.

Como consecuencia de crisis pandémica y la necesidad imperiosa de un mundo cada vez más digital, la Comisión Europea presentó una hoja de ruta para la transformación digital de Europa hasta 2030. En este sentido, se pretende convertir a la Unión Europea digitalmente soberana en un mundo abierto e interconectado, e implementar políticas digitales que empoderen a las personas y a las em-presas con el objetivo de alcanzar un futuro digital centrado en el ser humano, sostenible y más próspero. La llamada «Brújula Digital» se basa en la estrategia digital de la Comisión Europea de febrero de 2020 y gira en torno a cuatro puntos clave (Comisión Europea, 2021c):

1. Ciudadanos con capacidades digitales y profesionales del sector digital altamente cualificados: En 2030, al menos el 80% de todos los adultos deberían tener competencias digitales básicas y la UE debería tener 20 millones de especialistas en TIC, con perspectiva de género.

2. Infraestructuras digitales seguras, eficaces y sostenibles: En 2030, todos los hogares de la UE deberían tener conectividad de gigabit y todas las zonas pobladas deberían estar cubiertas por redes 5G; la producción de semiconductores de punta y sostenibles en Europa debería representar el 20% de la producción mundial; deberían desplegarse en la UE diez mil nodos externos muy seguros y climáticamente neutros; y Europa debería tener su primer ordenador cuántico.

3. Transformación digital de las empresas: Para 2030, tres de cada cuatro empresas deberían utilizar servicios de computación en nube, macro datos e inteligencia artificial; más del 90% de las pymes debería alcanzar al menos un nivel básico de intensidad digital; y el número de unicornios de la UE debería duplicarse.

4. Digitalización de los servicios públicos: Para 2030, todos los servicios públicos clave deberían estar disponibles en línea; todos los ciudadanos deberían tener acceso a su historial médico electrónico; y el 80% de los ciudadanos deberían utilizar una solución de identificación electrónica.

Además, la Unión Europea, en el documento *eGovernment Benchmark* 2022[4] señala tres recomendaciones prioritarias en la digitalización de las administraciones públicas, con independencia de la tecnología empleada:

a) Repensar el diseño del gobierno digital centrado en el usuario, tanto para la mejora del servicio como para la inclusión de la diversidad.

b) Racionalizar la prestación de servicios públicos digitalizados a través de ventanillas únicas.

c) Mejorar la interoperabilidad entre los distintos niveles de la Administración pública.

En el siguiente apartado se aborda la necesidad de entender el cambio de contexto, y su incidencia en la incorporación de las TIC, para entender mejor y diseñar reformas de las políticas y servicios públicos que estén conectadas de forma efectiva con las demandas y necesidades reales de la ciudadanía.

5.2. CAMBIO EN EL CONTEXTO

Las dos décadas que han transcurrido en el siglo XXI han sido convulsas para las democracias liberales y para todo el sistema político mundial. Los gobiernos, y la sociedad en general, se han enfrentado a dos grandes graves crisis socio-económicas (la Gran Recesión, 2008 y la crisis de la CoVID-19) donde los paradigmas existentes y la forma de abordaje de los problemas y demandas sociales se han venido abajo como un castillo de naipes. En este sentido, y refiriéndose a esta última Arenilla (2021) señala que

> «La pandemia ha mostrado de una manera descarnada una serie de evidencias en las políticas públicas que habían sido ignoradas en algunos casos durante décadas como son unos sistemas de salud inadecuados; brechas en la protección social; desigualdades estructurales; degradación ambiental; una educación que no cumple con su función integradora; o la crisis climática. Claro es, esto no ha afectado a todos los países por igual, aunque nin-

4. Véase en https://prod.ucwe.capgemini.com/wp-content/uploads/2022/07/eGovernment-Benchmark-2022-1.-Insight-Report.pdf

guno se ha salvado de la prueba de confianza a la que han sido sometidos los Estados por sus ciudadanos, por muy desarrollados y poderosos que pudieran parecer» (p. 20).

Es más, el contexto se ha transformado de tiempos VUCA a tiempos BANI[5] (ver figura 1). En efecto, si de por sí ya era difícil para los decisores públicos navegar en entornos volátiles, inciertos, complejos y ambiguos (VUCA), un concepto que fue utilizado en 1987 (Giles, 2018) y describía las principales características de un período que comenzaba con el final de la guerra fría, la expansión de la democracia liberal por todo el mundo y revolución de las TIC que planteamos con anterioridad.

Figura 1. *Cambio de contexto.*

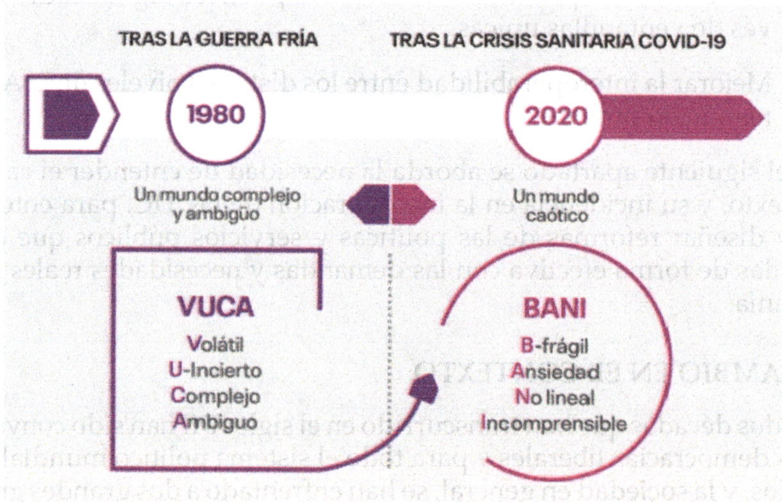

Fuente: adaptado de https://blogposgrado.ucontinental.edu.pe/mas-alla-del-entorno-vuca

El contexto VUCA resumía bien los desafíos que los gobiernos y la sociedad en general debían enfrentar durante tiempos volátiles e inciertos. El marco también describía el enfoque que se debía seguir con la debida

5. El acrónimo VUCA (*Volatility, Uncertainty, Complexity* y *Ambiguity*) fue usado por primera vez en 1987 por el US *Army War College* y que define el entorno como complejo, de rápidos y constantes cambios, otorgando un marco de trabajo diferente para analizar posibles respuestas. El término es acuñado en principio para el sector empresarial, en cambio el acrónimo BANI (*Brittle, Anxius, Nonlinear, Incomprehensible*) define mejor el mundo pospandémico (Cascio, 2020).

consideración de las cantidades de información disponible y la con la certidumbre posible (Bennett y Lemoine, 2014). El concepto VUCA pronto fue adoptado en el ámbito empresarial, gubernamental y académico como reflejo del advenimiento de una «nueva normalidad» caracterizada por cambios globales e intempestivos que traerían consigo una serie de nuevos retos e incertidumbres.

Un buen ejemplo de esto fue la Gran Recesión (2008-2012), que dejó obsoletos muchos modelos de negocio y la forma de abordar los problemas públicos y de repente todas las organizaciones en todo el mundo se enfrentaron abruptamente a circunstancias turbulentas. Paralelamente al desarrollo tecnológico continuó expandiéndose conjuntamente con cambios vastos y abruptos, los medios de comunicación tradicionales colapsaron, la población mundial continuó creciendo y envejeciendo y los desastres globales continuaron afectando vidas, economías y negocios.

Abundando en lo anterior, Baran & Woznyi (2020) sostienen que la agilidad y la adaptabilidad son competencias clave que subyacen a todos los entornos VUCA. Que exigen estar preparados en la gestión de emergencias efectivas, la incorporación de las TIC, ser resistente al estrés, flexible y creativo, compartir conocimientos y trabajo en equipo, el desarrollo de habilidades blandas para la gestión de riesgos en situaciones de inestabilidad, y la digitalización e implementación de soluciones tecnológicas inteligentes (Glukhova, Sherstobitova, Korneeva y Krayneva, 2020).

Por su parte, el contexto BANI es de nuevo cuño, un concepto surgido en la pandemia de la CoVID-19 (Cascio, 2020). El trabajo de Casio se centra en la importancia del pensamiento sistémico a largo plazo para ayudar a construir sociedades más resilientes y soluciones. Una nueva forma de enfrentar los cambios y los nuevos desafíos a los que se enfrentas las políticas públicas racionadas con la salud, la educación, la economía, el medio ambiente, etc.

Cascio describe el contexto BANI como un paralelo intencional a VUCA y explica que la volatilidad y la complejidad ahora se aceptan como la norma global, mientras que el estado actual del mundo se encamina hacia la «era del caos» (Casio, 2020). El marco conceptual BANI (Frágil, Ansioso, No Lineal e Incomprensible) puede aplicarse a las políticas y servicios públicos para comprender mejor los desafíos y las oportunidades que enfrentan los gobiernos en un entorno cada vez más complejo y dinámico. Las ideas fuerza que emergen del contexto BANI son:

- Frágil: La prestación de servicios públicos muchas veces pueden ser burocráticos, rígidos o inflexibles, estos son, pueden considerarse como «frágiles». Lo planteado con anterioridad se manifiesta en la falta de capacidad de adaptación a cambios repentinos o en la incapacidad para abordar nuevas demandas y desafíos de manera efectiva. Por ejemplo, los procesos burocráticos excesivamente complicados y lentos pueden obstaculizar la capacidad del gobierno para responder ágilmente a las necesidades emergentes de la sociedad.

- Ansioso: Un enfoque anti-ansiedad en el diseño e implementación de las políticas y servicios públicos implica construir sistemas que se fortalezcan y mejoren en respuesta a la adversidad y la volatilidad. Esto podría implicar la creación de redes de colaboración flexible entre diferentes actores: públicos, privados y del tercer sector, así como la implementación de mecanismos de retroalimentación que permitan aprender de los errores y adaptarse rápidamente a nuevas circunstancias.

- No lineal: Los sistemas no lineales en la Administración pública son aquellos en los que las relaciones causa-efecto no son proporcionales o predecibles. Esto significa que pequeños cambios pueden tener efectos desproporcionadamente grandes y que los resultados pueden ser difíciles de anticipar. Por lo tanto, los gobiernos deben ser conscientes de la naturaleza no lineal de muchos de los desafíos que enfrentan y adoptar enfoques flexibles y adaptativos para abordarlos.

- Incomprensible: En un entorno cada vez más complejo y multifacético, la Administración pública puede volverse incomprensible para quienes están dentro y fuera del gobierno. La interconexión de múltiples variables y factores, junto con la creciente cantidad de datos disponibles, puede dificultar la comprensión completa de los problemas y las soluciones óptimas. Los gobiernos pueden abordar este desafío promoviendo la transparencia, la participación ciudadana y la colaboración intersectorial para aumentar la comprensión y la legitimidad de sus acciones.

En suma, al aplicar el marco BANI puede ayudar a los gobiernos para que adopten un enfoque más consciente de la necesidad de flexibilidad, adaptabilidad y colaboración en un entorno caracterizado por la complejidad y la incertidumbre, utilizando las últimas innovaciones tecnológicas para mejorar la calidad, la eficiencia y la efectividad de las políticas y servicios públicos.

Se trata, en definitiva, de un nuevo espacio de comunicación que abre un universo de posibilidades en el ámbito de la política, el gobierno y las administraciones públicas, tanto desde el punto de vista de la participación ciudadana, como de la conexión entre la Administración Pública y los ciudadanos (Arenilla, 2021).

5.3. LA ESTRATEGIA DE DIGITALIZACIÓN DE LOS SERVICIOS PÚBLICOS EN LA COMUNIDAD VALENCIANA

En 2020 la Generalitat Valenciana[6] (GVA) presenta un Documento de Trabajo titulado «Estrategia Valenciana para la Recuperación» (Generalitat Valenciana, 2020b), con el objetivo de recuperar e impulsar la economía y la sociedad después del impacto de la crisis de la CoVID-19. En este documento se incluía el Proyecto Tractor 1 para la Digitalización de los Servicios Públicos Valencianos, que plantea un objetivo general que identifica de forma clara y concisa: la necesidad de «avanzar significativamente en la digitalización de los servicios que dependen de la Generalitat Valenciana» (Generalitat Valenciana, 2020b:78).

Se trata, en definitiva, de articular una respuesta autonómica a un contexto sociohistórico que pretendía una transformación digital e inteligente en las formas de organizar, estructurar y desarrollar las actividades, y entre ellas las dinámicas de gobierno, para maximizar en términos de eficiencia y efectividad las acciones por medio del empleo de las nuevas herramientas que la nueva sociedad de la información y la tecnología ofrece.

Los ejes o líneas configurados se identifican con tres de los más relevantes servicios cuya gestión compete a la GVA, a saber, Sanidad, Educación y Justicia; a los que se añaden un eje general denominado Gobierno Inteligente, referido a las necesidades de modernizar y digitalizar las estructuras administrativas autonómicas y su funcionamiento.

No obstante, cabe remarcar que los problemas y necesidades que motivan la creación de este Proyecto, en la mayor parte de los casos, quedan identificados de forma exógena a su redacción. Estos quedan plasmados en fases previas del documento de trabajo de la Estrategia Valenciana de Recuperación, y no en la exposición del Proyecto Tractor 1. Concretamente, consiste en una identificación de problemas generales y comunes a toda la

6. El gobierno valenciano en esa fecha era un gobierno de coalición de izquierda compuesto por tres partidos (PSPV-PSOE, Compromís y Podemos), un gobierno de coalición que comenzó su andadura en las elecciones autonómicas de 2015 y llegó a su fin en las elecciones autonómicas de 2023, donde se produce un cambio de gobierno y de color político, esto es, se configura un gobierno de coalición de dos partidos de derecha (PP y VOX).

estructura de la Estrategia que se circunscribe a los apartados de los problemas estructurales de la economía valenciana (Generalitat Valenciana, 2020b:26-35) y, muy en especial, de Bienestar y políticas públicas (Generalitat Valenciana, 2020b:35-41) y de Los retos de la reconstrucción (Generalitat Valenciana, 2020b:41-42).

De esta forma, en los apartados de Bienestar y Políticas Públicas y Los retos de la reconstrucción, se puede extraer la definición de un problema general propio de cada uno de los ejes de actuación, esto es,

Gobierno Inteligente: se enfatiza en la necesidad de que la acción del sector público ejerza una función igualadora frente a las desigualdades sociales y que los servicios prestados actúen como herramientas de nivelación y persecución de la igualdad de oportunidades material y efectiva, lo que se convierte en una necesidad transversal que afectará, en realidad, a todo el proyecto de digitalización.

Se incluye en este problema transversal la necesidad de desarrollar la digitalización desde una perspectiva de integración y accesibilidad múltiple, tratando de solventar la brecha digital tanto desde un punto de vista de recursos económicos como de edad o de cohesión territorial. No obstante, esto más que suponer un problema o necesidad que debe ser solventada por la política pública propuesta, lo que constituye realmente es una perspectiva desde la que se deben enfocar las actuaciones encaminadas a producir la modernización y digitalización de los servicios públicos.

Igualmente se hace referencia a un problema relativo al personal público de la Comunidad Valenciana, que se identifica como insuficiente en número y envejecido, lo que produce que la función pública adquiera un perfil excesivamente burocrático, al encontrarse los empleados públicos afectados por la brecha digital debido a su edad, y dificulta la agilización y digitalización de los servicios prestados, así como hace que los procesos administrativos sean lentos y farragosos al no aprovechar los recursos informáticos.

Educación digital: en el ámbito de este servicio público se hace referencia, en primer lugar, a los malos resultados que por lo general presenta la educación valenciana y el escaso número de jóvenes cursando secundaria postobligatoria.

No obstante, la necesidad que en rigor compete de forma estricta y directa al proyecto de digitalización de servicios públicos es la problemática que se establece directamente en el texto del Proyecto Tractor 1, a saber, que el estudiantado valenciano no recibe contenidos formativos en materia digital e informática de una entidad suficiente como para adaptar el capital humano al nuevo contexto laboral y productivo atravesado por la era de la digitalización, impidiendo la aportación de valor innovador por este capital humano en formación.

Además, el fracaso escolar sigue estando interrelacionado con otro elemento que no podemos perder de vista y que se imbrica con la totalidad del Proyecto de digitalización, la equidad y la persecución de la inclusión y la igualdad de oportunidades. De esta forma, se tiene en cuenta en el proyecto que esta problemática de la educación debe afrontarse desde el intento de construir aptitudes y conocimientos enfocados en las herramientas digitales que permitan aportar valor y conocimiento relativo al nuevo paradigma informatizado de los sistemas socioeconómicos al capital humano valenciano, pero siempre con la debida observancia y lucha contra la brecha digital impuesta por la diferente accesibilidad a según qué soportes informáticas en función del nivel de recursos económicos y el lugar de residencia, que zancadilla la igualdad de oportunidades.

Sanidad digital: en lo que respecta al sistema de salud valenciano, además de las necesidades transversales de equidad en la digitalización de sus servicios, se ha apreciado que los principales focos de problemas se sitúan en la existencia de largas listas de espera que no consiguen ser reducidas. Adicionalmente, se hace referencia al aumento de gastos, como la farmacia hospitalaria, y la caída de recursos humanos.

En definitiva, el sistema sanitario se encuentra en una situación compleja en que la acumulación de trabajos y la ausencia de mayores recursos impiden que el servicio prestado sea todo lo óptimo que podría ser. En este contexto se ha visto en la digitalización una vía para poder acelerar diagnósticos, mejorando el servicio y disminuyendo potencialmente la necesidad de gastos en tratamientos para complicaciones sanitarias en estadios más avanzados, que suelen tener precios mayores; así como racionalizar el tiempo de trabajo de los sanitarios y el desarrollo de determinados procesos y servicios como la asistencia primaria al introducir la modalidad telemática para las consultas de menor relevancia. Finalmente, también se hace hincapié en la necesidad de que estas nuevas formas de acceso al sistema de salud permitan la participación de los ciudadanos para incentivar la concienciación.

Justicia moderna: la Administración de Justicia es uno de los ejes de los que menos se desarrolla a lo largo de la Estrategia, quedando circunscrito su tratamiento al propio Proyecto Tractor 1. En este sentido, consideramos que el problema que se pretende solucionar es la saturación, lentitud e ineficiencia del sistema de Justicia, así como su desconexión y distanciamiento con la población en general, problema que se habría visto incrementado por la incidencia de la pandemia, por medio de la introducción y refuerzo de sistemas y mecanismos digitales.

5.4. ANÁLISIS DE LA COHERENCIA EXTERNA DEL PROYECTO TRACTOR DIGITALIZACIÓN DE LOS SERVICIOS PÚBLICOS VALENCIANOS

En el ámbito de la coherencia externa el análisis se refiere a la forma en que el Proyecto objeto de análisis se inserta en el marco multinivel e interdependiente que constituye el entorno social y político de influencia, observando cómo se coordina e interrelaciona con otras políticas relacionadas de los distintos ámbitos y niveles políticos y administrativos. Así podrá verse si se abordan las mismas cuestiones que en aquellos, si se afrontan otras dimensiones de los problemas en aquellas políticas que no han sido tenidas en cuenta por el Proyecto en cuestión; o si, por el contrario, el Proyecto actúa de forma que supera las proyecciones y líneas planteadas por otros instrumentos de referencia.

Esto supone un necesario análisis comparado del distinto tratamiento dado desde los diferentes centros de poder a un problema o *issue* que puede ser definido de manera diversa, con las consiguientes implicaciones y que determina en cierta medida el tipo de acciones a emprender para afrontarlo; y por consiguiente puede recibir tratamientos confeccionados desde las más variadas ópticas y puntos de vista.

En este sentido, se intenta responder a las siguientes preguntas:

- ¿Existen otras intervenciones que intentan resolver elementos del problema que no contemple la propia intervención?
- ¿Existen otras intervenciones que intentan resolver partes del problema no contemplados por la intervención evaluada?
- ¿Se ha examinado la coherencia externa de la intervención con otros planes o programas vigentes?
- ¿Los objetivos de la intervención se relacionan con los de otras intervenciones públicas, convergiendo hacia la solución del mismo problema?
- ¿Existe alguna incoherencia entre las medidas de la intervención y otras intervenciones o Estrategias nacionales en el ámbito de estudio?

El planteamiento de este conjunto de cuestiones precisa, para su respuesta, una doble labor por parte del equipo de evaluación. En primer lugar, se requiere una evaluación de la metodología empleada para el desarrollo del Proyecto Tractor 1. Concretamente, la observación de si este instrumento de políticas públicas recoge un análisis y examen del contexto en que se va a desplegar y desarrollar. Es decir, si el diseño se ha realizado teniendo en cuenta el «estado del arte» de la cuestión, las distintas propuestas, iniciativas y medidas ya implementadas en los distintos niveles que influyen en el eventual éxito de este Proyecto.

Por lo que respecta al Proyecto Tractor 1, de digitalización de políticas públicas, incluye una referencia a los distintos instrumentos con que se interrelaciona, y que serán objeto de una más detallada exposición más adelante, mostrando la forma en que se imbrica con aquellos. Este análisis y trazo de las líneas de vinculación con las políticas y proyectos de su entorno que se muestra en la figura demuestra una correcta planificación y diseño de la actuación objeto de análisis.

Figura 2. *Esquema de coherencia externa planteado por el proyecto*

Fuente: Generalitat Valenciana (2020b:78)

En segundo lugar, analizamos que el Proyecto sea coherente con su contexto externo. Para ello debe realizarse la búsqueda y análisis comparativo del marco contextual de relevancia en que se desenvuelve el mismo. En este sentido se utilizan las herramientas de evaluación *ex ante*, que son:

- **Contradicción:** alude a la situación en que las intervenciones comparadas producen unos resultados o emprenden determinadas acciones que son incompatibles y de signo contrario, por lo que la consecución de los objetivos y actividades de uno conlleva el fracaso del otro.

- **Competencia:** es aquella relación en que, si bien las dos políticas públicas participan de algunos aspectos o principios comunes, el desarrollo de uno de los programas compromete la posibilidad de desarrollo del otro. Se diferencia de la contradicción en que en aquella ambos instrumentos se podían desarrollar paralelamente aunque produciendo impulsos en sentidos opuestos; mientras que la competencia, aunque puede que la coordinación y cooperación se dé hacia unos resultados comunes, es en el acceso a los medios necesarios para el desarrollo de sus previsiones en que ambos proyectos pugnan.

- **Duplicación:** las dos intervenciones apoyan a los mismos beneficiarios o plantean la provisión de un mismo servicio, acción u otro en un ámbito geográfico idéntico, produciendo un solapamiento.

- **Lagunas:** están definidas como aquellas situaciones en que la unión de todo el intervalo del problema cubierto por ambos proyectos o intervenciones de forma conjunto revela que existen espacios relevantes que se han dejado sin atender por ninguna de las propuestas.

- **Neutralidad:** constituye una situación de total indiferencia en la interacción y reacción de una de las políticas frente a la acción o resultados de las otras.

- **Complementariedad:** se dará cuando las intervenciones públicas persigan la consecución de unos objetivos y conforme a unos principios o líneas estratégicas comunes que permite que se compartan los beneficios de la implementación de una de ellas para mejorar en los presupuestos de la otra.

- **Sinergias:** se trata de una relación de complementariedad recíproca que permite un efecto multiplicador en los resultados obtenidos, al establecerse líneas de impulso bidireccionales en los objetivos mutuamente complementarios de las políticas, por lo que se tratará del modelo de interacción más deseable a los efectos de coherencia externa.

No obstante, la perspectiva multinivel en que necesariamente se encuentra envuelta cualquier iniciativa pública en la actualidad exige que la aplicación de estos conceptos se realice, igualmente, con atención a una distinción entre las propuestas provenientes de los distintos niveles políticos y administrativos. De esta manera, podría resultar, como mero ejemplo, que el Proyecto tractor definiese unos objetivos altamente coherentes con las líneas marcadas desde el ámbito supra o internacional al tiempo que se coordine de forma débil con las propuestas y proyectos implementados desde el ámbito local.

Para comprobar esta coherencia externa multinivel, como es lógico, se requerirá la definición de distintos niveles analíticos en que se encuadrarán las intervenciones paralelas relevantes para el Proyecto tractor 1, que vendrán a resumirse en cuatro dimensiones o niveles: el supra o internacional; el nacional o estatal; el autonómico o regional; y, por último, el local, incluyendo tanto la municipalidad como las Diputaciones Provinciales, por lo que queda como un ámbito «*infra* regional».

Figura 3. *Contexto multinivel del Proyecto Tractor 1*

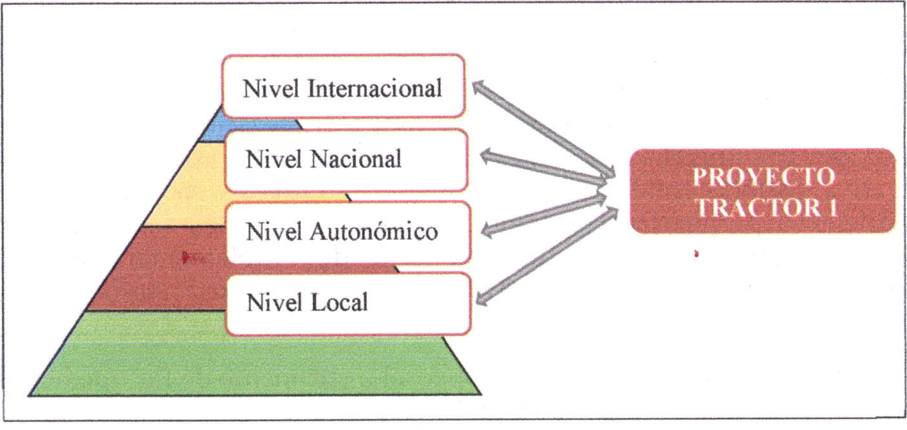

Fuente: Elaboración propia

Debe aclararse que se circunscribirán exclusivamente las dimensiones autonómicas y locales a las medidas y normas de la Comunidad Valenciana, así como a las unidades político-administrativas «*infra* regionales» del contexto valenciano.

Nivel supra o internacional

La Agenda 2030 de la Organización de las Naciones Unidas (ONU) y sus Objetivos de Desarrollo Sostenible (ODS) es, quizá, el primer documento de referencia a internacional en que se repara a la hora de realizar cualquier tipo de análisis de la coherencia externa a nivel internacional por su evidente actualidad, su carácter marcadamente transversal y la tremenda relevancia que ha adquirido en los últimos tiempos, recibiendo la atención de los representantes políticos y miembros del Gobierno de todos los países.

La Agenda 2030 fue aprobada por la Asamblea General de la ONU por medio de la Resolución A/RES/70/1, quedando patente su relevancia en el hecho de que el mismo Proyecto incluya por sí misma este documento en su gráfico en que se da cuenta de la interrelación del mismo con su contexto de intervenciones y políticas públicas.

Como bien señala el esquema, el Proyecto Tractor 1 se inserta de pleno en los ODS referidos a los servicios que pretende innovar, mejorar y ampliar, a saber, el Objetivo 3, de salud y bienestar; el Objetivo 4, de educación de calidad; el Objetivo 10, de reducción de las desigualdades, lo que es abordado por el Proyecto con su preocupación por la equidad y la integración de toda la ciudadanía en los nuevos servicios digitales; el Objetivo 16, de paz, justicia e instituciones sólidas, que mejorará en tanto en cuanto se agilizará el sistema de Administración de Justicia, garantizando una mejor tutela judicial de los derechos de las personas, y, finalmente, el Objetivo 17 de alianzas para lograr los objetivos, y con que se interrelaciona por el carácter multinivel y transversal de las actividades proyectadas, integrando a distintas entidades y niveles administrativos y cooperando con las diferentes propuestas de sentido a distintos niveles. Se puede entonces observar que el Proyecto guarda una relación de complementariedad con los ODS de la Agenda 2030, al coadyuvar a la consecución de sus fines, que son comunes.

Por lo que respecta al ámbito europeo, el Instrumento de Recuperación de la Unión Europea para apoyar la recuperación tras la crisis de la CoVID-19 estatuido por Reglamento (UE) 2020/2094, del Consejo, de 14 de diciembre de 2020, conocido como NextGenerationEU (NGEU), constituye un mecanismo extraordinario configurado por la Unión Europea, de carácter temporal, destinado a reforzar el Marco Financiero Plurianual vigente para conseguir la recuperación frente a la crisis ocasionada por la CoVID-19, por lo que debe observarse, en realidad, el conjunto de epígrafes y programas relacionados con la digitalización integrados en el Marco Financiero Plurianual (Reglamento UE, EURATOM 2020-2093).

Tal y como expone la Comisión en su Comunicación 2020/442, NGEU se estructura sobre tres pilares fundamentales, a saber, extraer enseñanzas de la crisis del coronavirus; relanzar la economía y la inversión privada, incluyendo el apoyo a la transición ecológica y digital; y, finalmente, apoyar a los Estados miembros en su recuperación. Es en este último pilar, que por otra parte es el que más fondos capta del total (un 80%), en el que se integra el Proyecto tractor 1, al dedicarse a la transformación y reformas estructurales de los Estados miembros y sus respectivos ámbitos político-administrativos, haciendo que sean dos intervenciones sinérgicas, al facilitar de forma recíproca las propuestas e intereses de los dos centros de poder que los emiten.

Destaca de NextGenerationEU el fondo extraordinario del Mecanismo de Recuperación y Resiliencia, siendo el que más dotación recibe de todo el Instrumento de Recuperación, con un total de 672.500 millones de euros (un 89,66% de NextGenerationEU), y encontrándose regulado en el Reglamento (UE) 2021/241 del Parlamento Europeo y del Consejo. En este Reglamento se establece que entre los principios rectores del mismo se encuentra la transformación digital de los Estados y sus economías o la salud y resiliencia económica, social e institucional (art. 3 Reglamento UE 2020/241), lo que claramente supone una relación de sinergia entre los propósitos europeos plasmados en este Mecanismo y las acciones emprendidas por el Proyecto Tractor 1.

Asimismo, dentro del epígrafe de Mercado Único, Innovación y Economía del Marco Financiero Plurianual (Reglamento UE, EURATOM 2020-2093), se encuentra el Programa Europa Digital, encaminado al avance en materias digitales como ciberseguridad, inteligencia artificial y generalización del uso de las herramientas digitales en todos los sectores, y en cuyo Programa de Trabajo 2021-2020 (Comisión Europea, 2021a) se pueden encontrar propuestas y proyectos dedicados al aumento de las habilidades digitales generales de la población, lo que influirá positivamente en la mejora de la accesibilidad de los servicios públicos digitales valencianos propuestos en el Proyecto, lo que significará necesariamente una relación de complementariedad; así como líneas de digitalización de los sistemas de Justicia y sanitarios, lo que conlleva una relación de sinergia con el Proyecto Tractor 1, y no de duplicidad, pues no se trata de proyectos del mismo ámbito territorial, y, por el contrario, facilitará el desarrollo de este último al disponer de un contexto mucho más proclive a ello, con más facilidades metodológicas y financieras.

También recibe financiación adicional de NGEU un fondo ordinario relevante para lo que aquí nos ocupa, el Fondo de Transición Justa, que constituye un nuevo instrumento financiero ordinario comunitario que, entre otras cosas, financiará inversiones en el ámbito de la conectividad digital, lo que lo hace una intervención supranacional complementaria respecto del Proyecto Tractor 1, al facilitar económicamente su desarrollo.

Debe añadirse como instrumento relevante el programa Década Digital 2030, de la UE[7], así como su Brújula Digital, mencionada con anterioridad, establecida como itinerario para alcanzar los objetivos de la Década Digital por medio de la Comunicación de la Comisión COM(2021)118. Puede verse que la alta coherencia entre estos objetivos y los propuestos por el Proyecto objeto de análisis resulta en una interrelación de sinergia entre ambos. No hay que precisar que también pueden encontrarse lagunas referidas al interés de la Década Digital 2030 en la focalización y avance en los derechos digitales de los ciudadanos, ámbito que compete exclusivamente al sector público y que podría haber sido planteado como un objetivo del Proyecto Tractor 1, y que sin embargo deja sin tratamiento.

Asimismo, son de interés en el ámbito de la educación digital dos instrumentos provenientes, igualmente, del seno europeo. El primero de ellos es el Espacio Europeo de Educación 2025, concebido por la Comisión en su Comunicación COM/2020/625. Este Espacio Europeo pretende mejorar las capacidades básicas del estudiantado, incluyendo la aseguración de que se adquieran las competencias digitales necesarias para el actual contexto, especificando que esta labor debe hacerse de forma inclusiva, tal y como también se persigue por medio del Proyecto Tractor 1. Esta coherencia de los objetivos de ambos instrumentos resulta en una relación de complementariedad, dado que este Espacio Europeo 2025 se resume en una serie de líneas estratégicas que el Proyecto Tractor coadyuvará a desarrollar y alcanzar.

La segunda de las políticas públicas es el Plan de Acción de Educación Digital 2021-2027, previsto en la Comunicación de la Comisión COM(2020)624, configura en su informe (Comisión Europea, 2020a) una iniciativa enfocada a la persecución de una educación digital europea de alta calidad, inclusiva y accesible, lo que se sustenta en dos ámbitos prioritarios, el de fomento de un ecosistema educativo digital por medio de la mejora de infraestructuras, conectividad y equipamiento digital, y la mejora de las aptitudes y contenidos del profesorado en materia digital; así como

7. La página web de este programa puede encontrarse en el siguiente link: https://ec.europa.eu/info/strategy/priorities-2019-2024/europe-fit-digital-age/europes-digital-decade-digital-targets-2030_es#itinerario-hacia-la-dcada-digital.

de la consecución del resultado de mejorar las competencias y capacidades digitales del estudiantado.

En torno a estos dos ámbitos se estructuran las 13 acciones que integran el Plan, que incluyen el desarrollo de un marco europeo de contenidos de educación digital, la mejora de la conectividad y el aumento de los equipos informáticos, o la creación de un certificado europeo de capacidades digitales; además de la creación de un Centro de Educación Digital de Ámbito Europeo. Este Plan se interrelaciona sinérgicamente con el Proyecto Tractor 1, dado que establecen objetivos y planes tendentes a fines similares sin llegar a solaparse, pudiendo aprovechar el uno los avances del otro.

Nivel nacional o estatal

La más importante intervención pública de ámbito nacional en España es el Plan de Recuperación y Resiliencia (Gobierno de España, 2021b), siendo el documento elaborado por el Gobierno español para su remisión a la Comisión Europea con el fin de poder acogerse a los fondos de NextGenerationEU, arriba expuestos. Este Plan se estructura en torno a 4 ejes, a saber, Transición Ecológica, Transformación Digital, Cohesión Social y Territorial e Igualdad de Género. A su vez, estos Ejes se dividen en un total de diez (X) políticas palanca que, a su vez, se subdividen en distintos componentes de acción.

Es evidente que el Proyecto Tractor 1 que aquí se evalúa entronca plenamente con el Eje de Transformación Digital; y como bien se indica en el propio texto del Proyecto, se encuentra en relación y atravesado un total de tres políticas palanca del Plan de Recuperación y Resiliencia español. La primera de ellas es la Política Palanca IV, denominada «Una Administración para el siglo XXI». El componente 11 del Plan y primero y último de esta Política Palanca es el dedicado a la modernización de las Administraciones Públicas, destacando para lo que nos ocupa el objetivo de digitalizar la Administración y sus procesos.

La segunda sería la Política Palanca VI, de «Pacto por la Ciencia y la innovación. Refuerzo a las capacidades del Sistema Nacional de Salud». De esta Política Palanca interesa a los efectos del análisis de la digitalización de servicios públicos, estableciendo como uno de sus objetivos el de alcanzar un Sistema Nacional de Salud innovador e inteligente, y previéndose como una de las inversiones principales la de inversión en equipos de alta tecnología.

Finalmente, el Proyecto Tractor 1 se ve atravesado por la Política Palanca VII, «Educación y conocimiento, formación continua y desarrollo de capacidades». De este ámbito congenian con este Proyecto Tractor 1 el componente 19, del Plan Nacional de Competencias Digitales, que va a ser abordado de forma independiente más adelante; pero muy en especial el componente 21, denominado como «Modernización y digitalización del sistema educativo, incluida la educación temprana de 0 a 3 años» y que tiene el objetivo de avanzar en un modelo educativo personalizado, inclusivo y flexible al que se implementen nuevos modelos curriculares que incluyan competencias digitales.

Se puede deducir de todos estos nexos entre ambos instrumentos que existe un alto grado de sinergia entre el Proyecto Tractor 1 y el Plan de Recuperación, Transformación y Resiliencia. De forma paralela pero interrelacionada, España Digital 2025 (Gobierno de España, 2020a), que es la nueva denominación de la Agenda Digital establecida desde la actualización de este instrumento para el período 2020-2025, establece un total de 50 medidas organizadas en diez ejes estratégicos.

Destacan entre estos ejes estratégicos, por su vinculación con lo tratado por el Proyecto Tractor 1, los Ejes 1 y 2, destinados a garantizar conectividad digital adecuada a toda la población y a hacer desaparecer la brecha digital que sufren las zonas rurales, así como a incentivar el despliegue de la tecnología 5G, preocupaciones y voluntad compartida por el Proyecto objeto de análisis; el Eje 3, encaminado a la generalización y ampliación de competencias digitales en el conjunto de la población, al igual que pretende el Proyecto Tractor 1 a través de la educación digital y la capacitación digital del personal a su servicio y al conjunto de la población; el Eje 5 como eje general de impulso a la transformación digital del sector público y en especial de los ámbitos de alto valor estratégico, como el empleo o el Sistema de Justicia, siendo evidente la correlación existente con el conjunto del Proyecto Tractor 1; y, por último, el Eje 10, dedicado a los derechos digitales, planteando la creación de una Carta de Derechos Digitales o la modernización del marco laboral aplicable al trabajo a distancia.

Del análisis de la coherencia del Proyecto con esta Agenda España Digital 2025 se desprende la existencia de un alto nivel de sinergia general, con la única salvedad de que debemos reiterarnos en el hecho de que el Proyecto Tractor 1 produce una laguna en lo referido a los derechos digitales, que quedan sin atender, a pesar de ser algo que, se aborda en el marco estatal y, como se ha visto, comunitario. No obstante, en este caso encontramos que el tratamiento nacional constituirá un instrumento directa e inmediatamente aplicable en el territorio valenciano, a diferencia de lo apuntado sobre el ámbito comunitario que solo establecía la línea estratégica pero no un proyecto concreto en la materia, por lo que la laguna quedaría cubierta y, en realidad, lo que encontraríamos es una situación y complementariedad.

Encontramos además el Plan Nacional de Competencias Digitales (Gobierno de España 2020b), encuadrado como componente 19 del Plan de Recuperación, Transformación y Resiliencia y uno de los principales planes de la Agenda España Digital 2025; y que guarda una relación de complementariedad con las finalidades del Proyecto Tractor 1, al actuar para la capacitación digital de la ciudadanía general, para luchar contra la brecha de género digital y formar en competencias digitales a las personas al servicio de las Administraciones Públicas estatales; llegando a alcanzar un nivel de sinergia en lo que respecta a las comunes actuaciones encaminadas a la digitalización de la Educación.

Igualmente, el Plan de Digitalización de las Administraciones Públicas (Gobierno de España, 2021a), uno de los principales elementos del componente 11 del plan de Recuperación, Transformación y Resiliencia español, plantea la transformación digital de la Administración General del Estado, de igual forma que hace el eje Gobierno Inteligente del Proyecto Tractor 1 respecto de la Administración autonómica; así como una serie de medidas entre las que se encuentra la transformación digital del ámbito sanitario y de la Administración de Justicia. Esto hace que se trate de una política pública con que el Proyecto se interrelaciona de forma complementaria dado a que ambos instrumentos persiguen una empresa digitalizadora y transformadora, pero en sus respectivos ámbitos. No obstante, sí debe precisarse que habrá de prestarse atención a que sus respectivas acciones, al actuar sobre los mismos ámbitos (sistema sanitario y Administración de Justicia), no generen duplicidades, aunque de la observación de las medidas planteadas por el Plan de Digitalización de las Administraciones Públicas estatal no se deduce ningún solapamiento en sus respectivos ámbitos de actuación.

Por otro lado, podemos encontrar en el ámbito nacional el Programa Educa en Digital, creado por medio de un Convenio entre el Ministerio de Educación y Formación Profesional, el Ministerio de Asuntos Económicos y Transformación Digital y la Entidad Pública Empresarial Red.es (Resolución de 7 de julio de 2020, de la Subsecretaría del Ministerio de la Presidencia, Relaciones con las Cortes y Memoria Democrática) y previsto como una de las medidas de la Agenda España Digital 2025. Por medio de este Programa se prevé el destino de 260 millones de euros para la dotación de dispositivos y conectividad a los centros educativos, lo que entronca directamente de forma complementaria sobre el Objetivo 4 del Proyecto Tractor 1; al igual que lo hace en una interrelación de sinergia en la preocupación por contrarrestar y mitigar los efectos de la brecha digital y las desigualdades en este nuevo paradigma educativo digitalizado.

Cabe mencionar que existe un Anteproyecto de ley de eficiencia digital del servicio público de Justicia, dentro del ámbito del programa Justicia 2030, que está orientado a incrementar la digitalización de la Administración de Justicia por medio de la mejora de la seguridad y la ampliación del uso de las vistas telemáticas y el avance en los expedientes digitales electrónicos; además de hacer referencia expresa a los derechos digitales de los ciudadanos relacionados con los procesos judiciales (La Moncloa, 19 de octubre de 2021).

Si bien se puede apreciar el grado de sinergia entre ambos instrumentos, por cuanto ambos abordan esta problemática desde perspectivas que se implican recíprocamente, debe igualmente estimarse que podría llegarse a producir duplicidades al abordar ambos los sistemas de gestión procesal y expediente judicial digitalizados.

En un estado de tramitación todavía más prematuro puede mencionarse la Estrategia de Salud Digital del Sistema Nacional de Salud. Esta es una estrategia que está todavía en fase de diseño y elaboración, revistiendo la forma de un mero borrador de trabajo. No obstante, en una reunión del Consejo Interterritorial del Sistema Nacional de Salud de junio del año 2021, en que se presentó este borrador, se adelantó que la Estrategia se enfoca en capacitar e implicar a las personas en el cuidado de su salud y facilitar su relación con los servicios sanitarios, así como maximizar el valor de los procesos para un mejor desempeño y rendimiento del sistema sanitario público, apoyando el trabajo de los profesionales y la gobernanza de las organizaciones. Asimismo, se trazan como líneas principales de actuación las de desarrollar servicios sanitarios digitales, la de generalizar la interoperabilidad de la información sanitaria y el impulso a la analítica de datos relacionados con la salud y el sistema sanitario (La Moncloa, 30 de junio de 2021).

De forma preliminar, y dado el carácter provisional y escaso de esta información disponible, debe decirse que todo apunta a que se tratará de una intervención pública en consonancia y sinergia con el Proyecto Tractor, cada uno en sus respectivos ámbitos competenciales.

Nivel autonómico o regional

En primer lugar, debemos destacar como documento de relevancia para la coherencia externa del Proyecto Tractor 1, en el ámbito autonómico valenciano, el resto del contenido de la EVR, como herramienta de vital trascendencia para la Comunidad en el contexto de la crisis del CoVID-19 y la recuperación de esta. El Proyecto se encarga de mostrar las líneas que vinculan a este Proyecto con el conjunto de la Estrategia, haciéndola una parte orgánicamente integrada y coherente con la misma. El Proyecto de digitalización de servicios públicos se enmarca en el Eje I, IV y V de la Estrategia, respectivamente, de «Empleo, conocimiento e investigación», de «Cuidado de las Personas e Inclusión Social» y de «Gobernanza Regional y Administración Eficiente».

Por lo que respecta al Eje I, sobre «Empleo, Conocimiento e Investigación» debe afirmarse que hay un nexo de sinergia claro, fomentando el Proyecto Tractor 1 la adquisición de aptitudes digitales durante la escolarización que son esenciales para una correcta inclusión en un mercado laboral tendencialmente digitalizado; además de permitir una mayor inclusividad y participación ciudadana digitalizada, perseguida por el Proyecto Tractor, cuantas más aptitudes digitales y accesibilidad disponga la ciudadanía; así como la mejora en la investigación y el conocimiento podrá facilitar la aparición de nuevas tecnologías disruptivas que mejoren la conectividad, o la eficiencia de los procesos digitales de los servicios públicos.

En cuanto al Eje de «Cuidado de las Personas e Inclusión Social», la sinergia se observa desde una doble perspectiva. En primer lugar, como ya se mencionaba en el anterior Eje, desde la perspectiva de la inclusión y la equidad, valor que informa el conjunto del Proyecto Tractor 1 y que es perseguido por el conjunto de este Eje. Asimismo, se puede prever que las acciones en favor de la digitalización del servicio valenciano de salud avancen en la consecución de un sistema de salud más resiliente, sólido y capaz de dar un adecuado y ágil trato a las personas; y que, en sentido inverso, cuanto más sólido y coordinado esté más apto será para absorber e implementar las ventajas que ofrecen las herramientas digitales.

Finalmente, el Eje V, «Gobernanza regional y Administración Eficiente», es aquel que más de lleno interactúa con el Proyecto Tractor 1, hasta el punto de estar este insertado en su mayor parte en aquel Eje, observando claras sinergias entre todas las líneas estratégicas y proyectos enmarcados en este Eje y el Proyecto Tractor 1, por su común fin y su estrecha implicación recíproca en los efectos y objetivos a alcanzar.

No obstante, y aunque el mencionado esquema de coherencia externa que ofrece el Proyecto nada diga al respecto, debe precisarse que esta sinergia está presente igualmente respecto de las actuaciones del Eje II de la Estrategia, en primer lugar por integrarse en el mismo aquellas actividades destinadas al impulso de la digitalización y las infraestructuras de conectividad, pero también por coordinarse para conseguir una atmósfera público-privada digitalizada en que siempre será más fácil continuar esta tendencia a la digitalización por encontrarse en un medio idóneo para ello, mejorando y agilizando las interacciones digitales entre empresas, Administración y ciudadanía.

Sin abandonar el contexto pandémico, debe hacerse referencia, a los cuatro Acuerdos Alcem-nos, a saber, el Acuerdo Institucional (Presidencia de la Generalitat, 2020a), el Acuerdo Social (Presidencia de la Generalitat, 2020b), el Acuerdo Ciudadano (Generalitat Valenciana, 2020a), y, finalmente, el Acuerdo para la Aprobación del dictamen de la comisión especial de estudio para la reconstrucción social económica y sanitaria (Cortes Valencianas, 6 de agosto de 2020).

A pesar de la relevancia de estos acuerdos, realmente se tratan de documentos acordados en fases previas a la aprobación de la Estrategia Valenciana de Recuperación y que le sirven de guía axiológica, por lo que, analíticamente, se considera pertinente incluirlos como parte de la Estrategia, a los efectos de la coherencia externa.

Es por ello que la interrelación con el Proyecto Tractor 1, así como con el resto de Proyectos que plantea la Estrategia debe ser necesariamente estrecha. En ellos se encuentran múltiples propuestas y líneas estratégicas apuntadas por distintos sectores de la sociedad valenciana que habrían recibido posterior tratamiento en el Proyecto Tractor 1, tal y como se explicó más arriba, en apartado de Relevancia y Pertinencia, por lo que encontraremos que, igualmente, se relacionan sinérgicamente con el Proyecto.

Resalta la importancia de la Agenda Digital de la Comunitat Valenciana (Generalitat Valenciana, 2014) y su desarrollo por el Plan Estratégico de Transformación Digital de la Generalitat GEN Digital 25 (Generalitat Valenciana, 2021). La Agenda Digital se diseñó como la estrategia valenciana para el impulso del desarrollo de la sociedad digital, a cuyo frente y servicio deseaba configurar una Administración Pública valenciana ágil, altamente eficiente y digitalizada. Para ello traza 3 Ejes, de Ciudadanía Digital, de Economía Digital y de Administración Digital. Mientras resulta claro que el Proyecto Tractor 1 se encuentra en clara sintonía con el Eje 3, Administración Digital, que incluye como línea de actuación la de «Servicios Públicos Digitales» (línea 3.1).

La coherencia con los otros dos Ejes, podría apreciarse, es aparentemente menor. Sin embargo, si se observan las líneas que incluyen se puede deducir que igualmente se encuentran es estrecha relación con el Proyecto Tractor 1. Así, el Eje de Ciudadanía Digital plantea el empleo de las TIC para la Salud (línea 1.1), para la Educación (línea 1.2), y para la Justicia (línea 1.3), que, al no incluirse en la línea de servicios públicos se hace ver que su planteamiento se enfoca de forma importante en la ciudadanía, sus derechos e inclusión. De igual manera, además de todas las interrelaciones colaterales que puedan presentar las acciones que incrementan el empleo competitivo de las TIC en la economía con el avance en la digitalización de las Administraciones Públicas, esta coherencia queda clara y directamente definida en la línea 2.5, de despliegue de redes y servicios de banda ancha, que queda totalmente alineada con las acciones previstas por el Proyecto Tractor 1.

Por su parte, y a modo de desarrollo de esta Agenda Digital, el Plan Estratégico de Transformación de la Generalitat, GEN Digital 25, se estructura en seis Ejes Estratégicos, de los cuales cinco se encuentran directamente implicados en el Proyecto que se evalúa aquí. De este modo, el Eje 1 «Infraestructuras, comunicaciones y movilidad imprescindibles y críticas», que persigue «la estandarización, evolución y extensión de las infraestructuras de sistemas y telecomunicaciones» (Generalitat Valenciana, 2021:36) con un gran énfasis en la ciberseguridad se correlaciona de forma estrecha y completa las medidas previstas de ampliación de las redes de conectividad; así como su iniciativa FUNCION@gva, que conseguirá transformar el modelo de desempeño de las labores del personal al servicio de la Administración autonómica, se relaciona sinérgicamente con el conjunto del Eje Gobierno Inteligente del Proyecto Tractor 1.

En idéntico sentido se relaciona este Eje del Proyecto Tractor 1 con el homónimo Eje 2: «Gobierno Inteligente», de GEN Digital 25, que busca aumentar la accesibilidad de la Administración y digitalizar la gestión del patrimonio valenciano. El Eje 4: «Educación Digital», que integra el a continuación desarrollado proyecto de Centro Digital Colaborativo, así como líneas para mejorar los sistemas y plataformas digitales en la enseñanza y las infraestructuras informáticas de los centros docentes.

Del Eje 5: «Sanidad y servicios sociales eficientes», además del resto de líneas, que se interrelacionan de forma lateral para completar y conseguir un tratamiento holístico de este ámbito desde la digitalización, interesan especialmente las líneas dedicadas al sistema de salud, objeto de tratamiento común con el Proyecto Tractor 1, y que pretenden la interoperabilidad, convergencia y accesibilidad de los sistemas de información sanitarios.

Finalmente, el Eje 6: «Justicia Moderna», igualmente homónimo respecto del Eje dedicado a la Administración de Justicia del Proyecto Tractor

1, incide en la accesibilidad, el desarrollo e implementación del expediente electrónico y la interoperabilidad de los diferentes sistemas informáticos de la Administración de Justicia por medio de herramientas digitales. De todo lo expuesto se concluye que tanto la Agenda Digital de la Comunitat Valenciana y GEN Digital 25 suponen intervenciones públicas sinérgicas con los propósitos y acciones planteadas por el Proyecto Tractor 1.

A pesar de no encontrarse ningún documento o informe sobre él además de la entrada correspondiente en el portal web de la Generalitat[8], es de obligada mención el Proyecto de Centros Digitales Colaborativos, por el que se crean en un total de 50 centros, que abarcan a 39.700 alumnos y alumnas y más de 3.600 docentes, los Centros Digitales Colaborativos como nuevo modelo encaminado a la universalización de la educación digital por medio del empleo de plataformas que permitan la conexión de alumnos y profesores por medios digitales para compartir e impartir los contenidos, incluyendo igualmente plataformas para los familiares de los alumnos. Queda pues claro el carácter complementario del Proyecto Tractor 1 respecto de esta iniciativa, al facilitar y avanzar en la configuración de nuevos contenidos y herramientas docentes digitalizados y la provisión de equipos informáticos a profesores y alumnos, lo que permitirá una mayor probabilidad de éxito de estos Centros Digitales.

Por último, en este nivel podemos hablar del Plan de Infraestructuras Judiciales de la Comunitat Valenciana (Generalitat Valenciana, 2018). Este Plan, sin embargo, se enfoca principalmente en la reforma de los edificios e instalaciones judiciales, y por lo general guarda una relación de neutralidad con el Proyecto Tractor 1. No obstante, sí podría apreciarse cierto grado de complementariedad respecto del principio establecido en este Plan de Infraestructuras Judiciales de búsqueda de la eficiencia de los edificios y de las infraestructuras, pues las mejorías en la digitalización podrán aumentar la agilidad de los procesos y una consiguiente reducción de los recursos consumidos por la Administración de Justicia.

Nivel local

El nivel local es relativamente estéril en la producción de intervenciones en este ámbito. Pueden mencionarse los planes de ayuda a la digitalización de pymes y autónomos desarrollados por las Diputaciones Provinciales de

8. Nota de prensa por la que se anuncia el Proyecto de Centros Digitales Colaborativos: https://www.gva.es/es/inicio/area_de_prensa/not_detalle_area_prensa?id=940063.

Valencia[9] y Castellón[10]. Este tipo de intervenciones son tan solo ligeramente complementarias al Proyecto Tractor 1, pues se centran exclusivamente en el sector privado, y aunque algún beneficio indirecto pueda derivarse de ello para la digitalización de servicios públicos, este sería modesto.

En el ámbito alicantino, además, debe destacarse el que el Centro de Inteligencia Digital de Alicante (CENID) ha iniciado un proyecto de Estrategia de Digitalización de la Provincia de Alicante.[11] Esta Estrategia, que se plantea que estará enfocada a al aprovechamiento de las oportunidades brindadas por la digitalización tanto por los sectores privados como por las Administraciones Locales, será, por lo tanto, un instrumento con que el Proyecto Tractor 1 guardará una relación de sinergia.

Finalmente, también desde de la Diputación de Alicante, se ha puesto en marcha una Agenda Cultural digitalizada.[12] Aunque esta Agenda incluya la posibilidad de realizar reservas o la compra de entradas vía online para entidades públicas como podría ser el Museo Arqueológico Provincial de Alicante, ello no significa necesariamente que el funcionamiento de los servicios públicos que se oferten se realice de forma digital. Por ello, debe entenderse que esta Agenda Cultural, aunque digital, mantiene una posición de neutralidad frente a los propósitos del Proyecto Tractor 1.

9. Anuncio del acuerdo entre Diputación de Valencia y la Cámara de Comercio: https://www.dival.es/es/sala-prensa/content/la-diputacio-acuerda-con-la-camara-de-comer cio-seguir-fomentando-la-digitalizacion-en-las-em.
10. Anuncio del Plan de Digitalización de empresas, autónomos y cooperativas de la Diputación de Castellón: https://www.dipcas.es/es/actualidad/pla-digitalitzacio-empreses.
11. Entrada del Proyecto de Estrategia de Digitalización de la Provincia de Alicante: https://cenid.es/proyectos/estrategia-de-digitalizacion-de-la-provincia-de-alicante/
12. Anuncio de puesta en marcha de la Agenda Cultural digital de la Provincia de Alicante: http://www.diputacionalicante.es/noticias/la-diputacion-da-un-paso-mas-hacia-la-digitalizacion-con-la-puesta-en-marcha-de-la-primera-aplicacion-de-la-agenda-cultural/.

Tabla 1. *Resumen de la coherencia externa del Proyecto*

NIVEL INTERNACIONAL	
Agenda 2030 y ODS	Complementariedad
NextGenerationEU	Sinergia
Programa Europa Digital	Sinergia y complementariedad
Fondo de Transición Justa	Complementariedad
Década Digital 2030	Sinergia, posibles lagunas
Espacio Europeo de Educación 2025	Complementariedad
Plan de Acción de Educación Digital	Sinergia
NIVEL NACIONAL	
Plan de Recuperación y Resiliencia	Sinergia
España Digital 2025	Sinergia, complementariedad
Plan Nacional de Competencias Digitales	Sinergia, complementariedad
Plan de Digitalización de las Administraciones Públicas	Complementariedad
Programa Educa en Digital	Sinergia, complementariedad
Anteproyecto de ley de Eficiencia Digital del Servicio Público de Justicia	Sinergia, posibles duplicidades
Estrategia de Salud Digital del Sistema Nacional de Salud	Sinergia
NIVEL AUTONÓMICO	
Estrategia Valenciana para la Recuperación y Acuerdos Alcem-nos	Sinergia
Agenda Digital de la Comunitat Valenciana y Plan Estratégico de Transformación Digital GEN Digital 25	Sinergia
Centro Digital Colaborativo	Complementariedad
Plan de Infraestructuras Judiciales de la Comunidad Valenciana	Neutralidad, ligera complementariedad
NIVEL LOCAL	

Planes de ayuda a la digitalización de pymes y autónomos	Ligera complementariedad
Estrategia de Digitalización de la Provincia de Alicante	Sinergia
Agenda Cultural digital de la Provincia de Alicante	Neutralidad

Fuente: Elaboración propia

Se puede concluir de cuanto precede en este apartado que existe una alta coherencia externa del Proyecto de Digitalización de Servicios Públicos, siendo mayoritarias las dimensiones de sinergias y complementariedad. No se trata de una intervención pública concebida de forma aislada, sino que se ha elaborado con vistas al contexto y al medio en que se habrían de desplegar sus acciones y alcanzar sus resultados, siendo esto una característica del diseño que debe ponerse en gran valor por parte del personal evaluador, muestra de un compromiso claro con una planificación responsable, coherente y preordenada a la efectiva consecución de los problemas percibidos; siendo las únicas lagunas detectadas en su definición y diseño las referidas al no tratamiento del asunto de los derechos digitales de la ciudadanía, como sí hacen otros instrumentos e intervenciones el entorno.

5.5. A MODO DE CONCLUSIÓN

En este capítulo se ha puesto de manifiesto las potencialidades de las TIC en el rediseño de las políticas y servicios públicos que permitan satisfacer de forma más efectiva las demandas y necesidades de la sociedad y que, a su vez, pueden fomentar un empoderamiento efectivo de la ciudadanía. El mundo pospandémico demandará cada vez más una gobernanza más inteligente de los asuntos públicos, es más, el impacto negativo de las dos grandes crisis hemos vivido en apenas una década (la Gran Recesión de 2008 y la crisis de la CoVID-19) obligan a los poderes públicos a transformar radicalmente su forma de actuar, por tanto, se hace necesario implementar políticas digitalización de los servicios públicos que desarrollen un ecosistema integral.

Es evidente que las posibilidades de las TIC son infinitas si se cuenta con la voluntad política y la habilidad técnica para incorporarlas al proceso político-administrativo. La tecnología es poder, y en este sentido, las TIC pueden equilibrar las relaciones de poder entre el sector público, el sector privado y la ciudanía, brindándole a este último un empoderamiento que permita una mejora de la calidad de nuestras democracias. El proyecto seguirá siendo el mismo construir sociedades más prósperas, inclusivas, democrática y sostenibles. Los gobiernos y sus administraciones públicas deben liderar este camino a través de una gobernanza inteligente efectiva, la transformación que supondrá la Revolución 4.0 debe ir acompañada de una implementación real de la democracia digital, el futuro de nuestras sociedades depende de su éxito.

En cuanto al gobierno digital, estamos de acuerdo con la propuesta de la OCDE (2020) sobre un marco de actuación en políticas digitales para su implementación efectiva (figura 1) basado en seis ejes: 1) Digital por diseño; 2) Sector público basado en datos; 3) Gobierno como plataforma; 4) Abierto por defecto; 5) Impulsado por el usuario, y 6) Proactividad.

Figura 4. *Marco políticas gobierno digital OCDE*

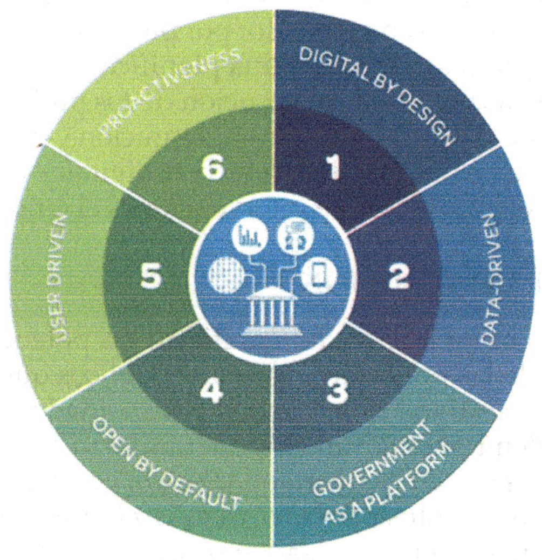

Fuente: OCDE (2020, p.6)

1) Digital por diseño: Para que la transformación digital del gobierno tenga éxito, las tecnologías digitales deben estar completamente integradas en la formulación de políticas públicas y en los procesos de diseño de servicios desde el principio. Se propone un sector público por diseño, esto

implica la movilización de las tecnologías de última generación y la gestión efectiva de los datos existentes y emergentes para repensar y rediseñar los procesos públicos. El objetivo es simplificar los procedimientos, innovar los servicios públicos y abrir múltiples canales de comunicación y compromiso a través de la red o gobernanza pública: contar con los actores públicos, privados, del tercer sector y la ciudadanía. El objetivo es fomentar sectores públicos ser eficientes en la creación de valor público y también que sean capaces de generar resultados con políticas más sostenibles y centradas en los ciudadanos.

Un enfoque que es digital por diseño requiere un liderazgo político claro y mecanismos de coordinación efectivos con estrategias sólidas, herramientas de gestión y regulaciones, para garantizar que lo «digital» no solo sea considerado como un tema técnico, sino también como un elemento transformador obligatorio que debe integrarse a lo largo de los procesos de diseño de servicios y políticas públicas.

Una cultura digital por diseño requiere que los gobiernos sean agnósticos en tecnología, pero plenamente conscientes de las oportunidades digitales existentes para un mejor funcionamiento de la administración y el sector público, alcanzado una mejor creación de valor público. Un gobierno digital necesita un sector público capaz de abordar los desafíos técnicos a fin de sentar las bases para un rápido desarrollo tecnológico y la digitalización progresiva de los servicios públicos.

2) Sector público basado en datos: Un gobierno verdaderamente impulsado por datos debería:

Reconocer y gobernar los datos como un activo estratégico clave, definir su valor, medir su impacto y reflejar los esfuerzos activos para eliminar las barreras para administrar, compartir y reutilizar datos. Aplicar datos para transformar el diseño, la entrega y el seguimiento de las políticas y los servicios públicos. Valorar los esfuerzos para publicar datos abiertos y el uso de datos dentro, entre y fuera de las organizaciones públicas. Y comprender los derechos de los ciudadanos respecto a los datos en cuanto a comportamiento ético, transparencia en su uso, protección de la privacidad y seguridad de los datos.

3) Gobierno como plataforma: Los gobiernos están rediseñando cada vez más los servicios para centrarse en las necesidades de sus ciudadanos de forma que aprovechen los datos, Internet y las tecnologías digitales. Dado el alcance y la complejidad del sector público, existe el riesgo de que la transformación de los servicios gubernamentales se produzca de manera fragmentada durante un período prolongado en lugar de entregarse de

manera oportuna de acuerdo a la escala, coherencia y eficacia requeridas. El gobierno propuesto como plataforma permite la transformación a escala mediante la creación de un ecosistema que permite a los equipos de servicio centrarse en las necesidades únicas de sus usuarios.

4) Abierto por defecto: Abierto por defecto se corresponde con el paradigma de gobierno abierto planteado con anterioridad, significa comunicar, informar, consultar y comprometerse con actores externos e internos para co-crear valor público, generar conocimiento y desarrollar inteligencia pública basada en una cultura basada en el diseño.

Por último, la Estrategia Valenciana de Recuperación que hemos analizado con detalle ha sido una apuesta muy interesante para abordar los retos derivados de la crisis pandémica, diseñar políticas adaptadas al contexto BANI. El proyecto de digitalización de los servicios públicos valencianos tiene un alto nivel de coherencia con las recomendaciones y planes de políticas de digitalización en los niveles de gobierno: supranacional, nacional y local. No obstante, su implementación está siendo muy débil y todavía queda un camino muy largo por recorrer.

La pandemia de la CoVID-19 representa el primer shock exógeno real que ha tenido un tremendo impacto en la transformación digital de la sociedad. La digitalización ya no es una cuestión de elección gubernamental. De hecho, los gobiernos de todo el mundo se han visto obligados a digitalizarse. Sin embargo, ante el mismo shock, diferentes países han experimentado diferentes trayectorias en su adopción de tecnologías digitales. Sin embargo, está por ver si los problemas públicos y las políticas implementadas resolverán los mismos de forma efectiva y eficiente.

5.6. REFERENCIAS

Arenilla, M. (2021). *Administración digital*. INAP.

Baran, B.E., & Woznyj, H.M. ((2021). Managing VUCA: The human dynamics of agility. *Organizational Dynamics,* 50(2), 1-11. doi: 10.1016/j.orgdyn.2020.100787

Bennett, N. & Lemoine, J. (2014). What VUCA Really Means for You. *Harvard Business Review, 92*(1/2). Disponible en: https://ssrn.com/abstract=2389563

Cascio, A.M.J. (2020, April 29). Facing the age of chaos [Blog post]. Disponible en: https://medium.com/@cascio/facing-the-age-of-chaos-b00687b1f51d.

Comisión Europea (2020a) Digital Education Action Plan 2021-2027. Resetting education and training for the digital age. Disponible en: https://ec.europa.eu/education/sites/default/files/document-library-docs/deap-communication-sept2020_en.pdf

Comisión Europea (2020b) The Digital Economy and Society Index. Disponible en: https://ec.europa.eu/newsroom/dae/document.cfm?doc_id=67084

Comisión Europea (2021a) DIGITAL Europe Work Programme 2021-2022. Disponible en: https://digital-strategy.ec.europa.eu/en/activities/work-programmes-digital

Comisión Europea (2021b) The Digital Economy and Society Index. Disponible en: https://digital-strategy.ec.europa.eu/en/policies/desi

Comisión Europea (2021c). La Década Digital de Europa: la Comisión fija el rumbo hacia una Europa empoderada digitalmente de aquí a 2030. Comunicado de prensa. https://ec.europa.eu/commission/presscorner/detail/es/IP_21_983

Comunicación de la Comisión 2020/442, de 27 de mayo, al Parlamento Europeo, al Consejo Europeo, al Consejo, al Comité Económico y Social Europeo y al Comité de las Regiones. El presupuesto de la UE: motor del plan de recuperación para Europa. Disponible en: https://eur-lex.europa.eu/legal-content/ES/TXT/?uri=COM%3A2020%3A442%3AFIN

Comunicación de la Comisión COM(2020)624, al Parlamento Europeo, al Consejo, al Comité Económico y Social Europeo y al Comité de las Regiones, Plan de Acción de Educación Digital 2021-2027. Adaptar la educación y la formación a la era digital. Disponible: https://eur-lex.europa.eu/legal-content/ES/TXT/HTML/?uri=CELEX:52020DC0624&from=EN

Comunicación de la Comisión COM(2021)118, TO THE EUROPEAN PARLIAMENT, THE COUNCIL, THE EUROPEAN ECONOMIC AND SOCIAL COMMITTEE AND THE COMMITTEE OF THE REGIONS 2030 Digital Compass: the European way for the Digital Decade. Disponible en: https://ec.europa.eu/info/sites/default/files/communication-digital-compass-2030_en.pdf

Comunicación de la Comisión COM/2020/625, al Parlamento Europeo, el Consejo, el Comité Económico y Social Europeo y al Comité de las Regiones, relativa a la consecución del Espacio Europeo de Educación de aquí a 2025. Disponible en: https://eur-lex.europa.eu/legal-content/ES/TXT/HTML/?uri=CELEX:52020DC0625&from=EN

Cortes Valencianas (6 de agosto de 2020). Acuerdo para la aprobación del dictamen de la comisión especial de estudio para la reconstrucción social, económica y sanitaria. Disponible en: https://gvaoberta.gva.es/documents/7843050/172241963/Acuerdo_reconstruccion_Corts_Valencianes.pdf/ffeb375d-f860-4495-a31c-d51398867ee2

Generalitat Valenciana (2014) Agenda Digital de la Comunitat Valenciana. Disponible en: https://agendadigital.gva.es/documents/128745511/128746769/AgendaDigitalCV.pdf/502faba1-fe4d-4222-8436-59c72b1df385

Generalitat Valenciana (2018). Plan de Infraestructuras Judiciales de la Comunidad Valenciana. Disponible en: https://cjusticia.gva.es/documents/19318332/166156026/LA+NUEVA+CARA+DE+LA+JUSTICIA_ES.pdf/b452f1c3-d0c2-476b-9934-00b9ddf42510

Generalitat Valenciana (2020a). Acuerdo ciudadano Alcem-nos. Propuestas ciudadanas. Disponible en: https://gvaoberta.gva.es/documents/7843050/172202279/Propostes_ciutadania_alcem_nos.pdf/53af900d-4da8-46bb-b9b9-ad1cb7ffb407

Generalitat Valenciana (2020b) Propuesta de Estrategia Valenciana para la Recuperación. Documento de trabajo. Disponible en: https://gvaoberta.gva.es/documents/7843050/172202279/20201124_Propuesta_Estrategia_Valenciana_Recuperacion_CAS.pdf/41e7af77-a7f9-4afa-950c-f0b572c85ad2

Generalitat Valenciana (2021) Plan Estratégico de Transformación Digital de la Administración de la Generalitat, GEN Digital 2025. Disponible en: https://dgtic.gva.es/documents/85347/174021442/GEN+Digital+2025+castellano/8fc144b0-2c0a-4af5-a2d9-f514f8191c02

Giles, S. (2018, May 9). How VUCA Is reshaping The Business Environment, And What It Means For Innovation. Forbes. Disponible en: https://www.forbes.com/sites/sunniegiles/2018/05/09/how-vuca-isreshaping-the-business-environment-and-what-it-means-for-innovation/?sh=642dd463eb8d

Glukhova, L.V., Sherstobitova, A.A., Korneeva, E.N., & Krayneva, R.K. (2020). VUCA-Managers training for Smart Systems: Innovative and Organizational Approach. En V. Uskov, R. Howlett, & L. Jain (Eds.) *Smart Education and e-Learning* (pp. 361-370). Springer.

Gobierno de España (2020a) España Digital 2025. Disponible en: https://portal.mineco.gob.es/RecursosArticulo/mineco/prensa/ficheros/noticias/2018/Agenda_Digital_2025.pdf

Gobierno de España (2020b) Plan Nacional de Competencias Digitales. Disponible en: https://portal.mineco.gob.es/RecursosArticulo/mineco/ministerio/ficheros/210127_plan_nacional_de_competencias_digitales.pdf

Gobierno de España (2021a) Plan de Digitalización de las Administraciones Públicas 2021-2025. Estrategia en materia de Administración Digital y Servicios Públicos Digitales. Disponible en: https://portal.mineco.gob.es/RecursosArticulo/mineco/ministerio/ficheros/210127_plan_digitalizacion_administraciones_publicas.pdf

Gobierno de España (2021b) Plan de Recuperación, Transformación y Resiliencia. Disponible en: https://www.lamoncloa.gob.es/temas/fondos-recuperacion/Documents/160621-Plan_Recuperacion_Transformacion_Resiliencia.pdf

Instituto para la Evaluación de Políticas Públicas (2020a) Guía de Evaluabilidad de Intervenciones Públicas. Disponible en: https://www.mptfp.gob.es/dam/es/portal/funcionpublica/evaluacion-politicas-publicas/Documentos/Metodologias/Guia_Evaluabilidad_Intervenciones_Publicas.pdf#page=1

Instituto para la Evaluación de Políticas Públicas (2020b) Guía de Evaluación de Diseño de Políticas Públicas. Disponible en: https://www.mptfp.gob.es/dam/es/portal/funcionpublica/evaluacion-politicas-publicas/Documentos/Metodologias/Guia_de_Evaluacion_de_Diseno.pdf#page=1

Instituto Valenciano de Investigaciones Económicas (2020) Informe La superación de la crisis del COVID-19 en la Comunitat Valenciana: una hoja de ruta de la reconstrucción de la economía. https://gvaoberta.gva.es/documents/7843050/172202279/Informe+IVIE.+La+superacion+de+la+crisis+del+COVID-19+en+la+CV.pdf/a8851238-e2c4-4171-b01c-5ed6c1234a3a

La Moncloa (19 de octubre de 2021) Anteproyecto de Ley de Eficiencia Digital del Servicio Público de Justicia. Disponible en: https://www.lamoncloa.gob.es/consejodeministros/Paginas/enlaces/191021-enlace-justicia.aspx

La Moncloa (30 de junio de 2021) El Consejo Interterritorial acuerda la creación de la Comisión se Salud Digital, que contribuirá a la cogobernanza con las CCAA e interoperabilidad de todos los proyectos en esta área. Disponible en: https://www.lamoncloa.gob.es/serviciosdeprensa/notas-prensa/sanidad14/Paginas/2021/010721-estrategia_salud.aspx

Lindner R. y Aichholzer G. (2020) «E-Democracy: Conceptual Foundations and Recent Trends». En L. Hennen, et al. (eds) European E-Democracy in Practice. Studies in Digital Politics and Governance. Springer.

OCDE (2019). *Going Digital: Shaping Policies, Improving Lives*. Disponible en: https://www.oecd.org/publications/going-digital-shaping-policies-improving-lives-9789264312012-en.htm

OCDE (2020). *The OECD Digital Government Policy Framework*. OCDE Public Governance Policy Papers, No. 02. Disponible en: https://www.oecd.org/governance/the-oecd-digital-government-policy-framework-f64fed2a-en.htm

Presidencia de la Generalitat (2020a) Acuerdo institucional Alcem-nos. Disponible en: https://gvaoberta.gva.es/documents/7843050/172202279/Acuerdo+institucional+Alcem-nos+CAS.pdf/e12e86a1-d207-4292-a92f-ea40f943fc0c

Presidencia de la Generalitat (2020b) Acuerdo social Alcem-nos. Disponible en: https://gvaoberta.gva.es/documents/7843050/172202279/Acuerdo+social+CAS.pdf/cf78e37b-f6d3-44a3-8054-98830088d5e9

Ramió, C. (2019). *Inteligencia Artificial y Administración Pública: Robots y humanos compartiendo el servicio público*. Catarata.

Reglamento (UE) 2020/2094 del Consejo de 14 de diciembre de 2020 por el que se establece un Instrumento de Recuperación de la Unión Europea para apoyar la recuperación tras la crisis de la COVID-19. Disponible en: https://eur-lex.europa.eu/legal-content/ES/TXT/?uri=CELEX%3A32020R2094

Reglamento (UE) REGLAMENTO (UE) 2021/241 DEL PARLAMENTO EUROPEO Y DEL CONSEJO de 12 de febrero de 2021 por el que se establece el Mecanismo de Recuperación y Resiliencia. Disponible en: https://www.boe.es/doue/2021/057/L00017-00075.pdf

Reglamento UE, EURATOM 2020/2093, DEL CONSEJO, de 17 de diciembre de 2020 por el que se establece el marco financiero plurianual para el período 2021-2027. Disponible en: https://www.boe.es/doue/2020/433/M00011-00022.pdf

Resolución A/RES/70/1, de 25 de septiembre de 2015, de la Asamblea General de la ONU, Transformar nuestro mundo: la Agenda 2030 para el Desarrollo Sostenible. Disponible en: https://www.un.org/ga/search/view_doc.asp?symbol=A/RES/70/1&Lang=S

Resolución de 7 de julio de 2020, de la Subsecretaría del Ministerio de la Presidencia, Relaciones con las Cortes y Memoria Democrática, por la que se publica el Convenio entre el Ministerio de Educación y Formación Profesional, el Ministerio de Asuntos Económicos y Transformación Digital y la Entidad Pública Empresarial Red.es, M.P., para la ejecución del programa «Educa en Digital». Disponible en: https://www.boe.es/diario_boe/txt.php?id=BOE-A-2020-7682

Schwab K. (2016), The Fourth Industrial Revolution, Cologny/Geneva, World Economic Forum. Disponible en: https://www.weforum.org/about/the-fourth-industrial-revolution-by-klaus-schwab/

Guía de uso

¡ENHORABUENA!

ACABAS DE ADQUIRIR UNA OBRA QUE **INCLUYE LA VERSIÓN ELECTRÓNICA.**
APROVÉCHATE DE TODAS LAS FUNCIONALIDADES.

ACCESO INTERACTIVO A LOS MEJORES LIBROS JURÍDICOS

FUNCIONALIDADES

SELECCIONA Y DESTACA TEXTOS

Crea anotaciones y escoge los colores para organizar tus notas y subrayados.

USA EL TESAURO PARA ENCONTRAR INFORMACIÓN

Al comenzar a escribir un término, aparecerán las distintas coincidencias del índice del Tesauro relacionadas con el término buscado.

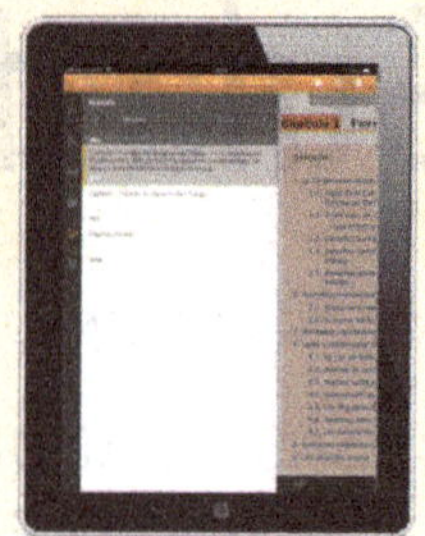

HISTÓRICO DE NAVEGACIÓN

Vuelve a las páginas por las que ya has navegado.

ORDENAR

Ordena tu biblioteca por: Título (orden alfabético), tipo (libros y revistas), editorial, jurisdicción o área del Derecho.

CONFIGURACIÓN Y PREFERENCIAS

Escoge la apariencia de tus libros y revistas cambiando la fuente del texto, el tamaño de los caracteres, el espaciado entre líneas o la relación de colores.

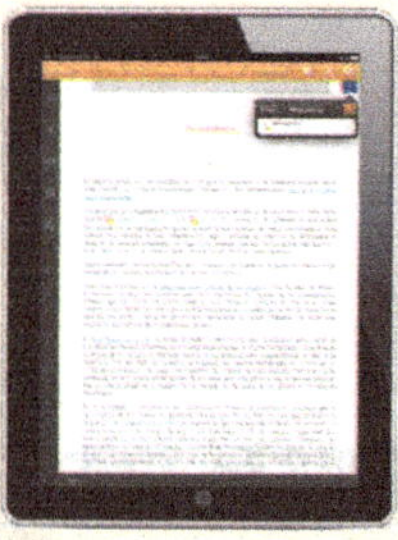

MARCADORES DE PÁGINA

Crea un marcador de página en el libro tocando en el icono de Marcador de página situado en el extremo superior derecho de la página.

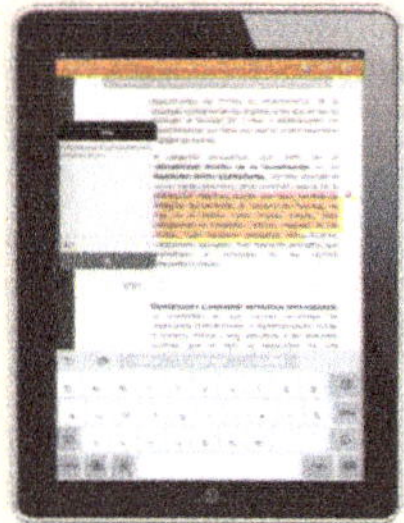

BÚSQUEDA EN LA BIBLIOTECA

Busca en todos tus libros y obtén resultados con los libros y revistas donde los términos fueron encontrados y las veces que aparecen en cada obra.

IMPORTACIÓN DE ANOTACIONES A UNA NUEVA EDICIÓN

Transfiere todas sus anotaciones y marcadores de manera automática a través de esta funcionalidad.

SUMARIO NAVEGABLE

Sumario con accesos directos al contenido.

INFORMACIÓN IMPORTANTE: Si has recibido previamente un correo electrónico deberás seguir los pasos que en él se detallan.

Estimado/a cliente/a,

Para acceder a la versión electrónica de este libro, por favor, accede a **http://onepass.aranzadi.es** Tras acceder a la página citada, introduce tu dirección de correo electrónico (*) y el código que encontrarás en el interior de la cubierta del libro.

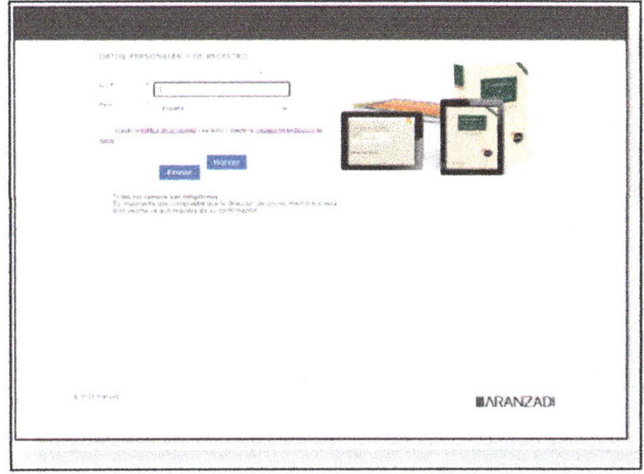

A continuación pulsa enviar.

Si te has registrado anteriormente en OnePass, en la siguiente pantalla se te pedirá que introduzcas el NIF asociado al correo electrónico.

Finalmente, te aparecerá un mensaje de confirmación y recibirás un correo electrónico confirmando la disponibilidad de la obra en tu biblioteca.

Si es la primera vez que te registras en **OnePass,** deberás cumplimentar los datos para crear tu cuenta y poder acceder a tu libro electrónico.

- Los campos **"Nombre de usuario"** y **"Contraseña"** son los datos que utilizarás para acceder a las obras que tienes disponibles a través del navegador en la ruta www.proview.thomsonreuters.com

---

Servicio de Atención al Cliente

Ante cualquier incidencia en el proceso de registro de la obra no dudes en ponerte en contacto con nuestro Servicio de Atención al Cliente. Para ello accede a nuestro Portal Corporativo y una vez allí en el apartado del Centro de Atención al Cliente selecciona la opción de Acceso a Soporte para no Suscriptores (compra de Publicaciones).